인지건강 증진을 위한

두뇌 훈련

탑클래스 두뇌발전소

탑클래스 두뇌발전소는 심신의학을 바탕으로 현대인들의 각종 두뇌 질환 및 건강한 두뇌 개발에 도움이 되고자 유튜브 채널 '탑클래스 두뇌발전소'를 운영하고 있다. 기억력, 집중력, 관찰력, 판단력, 언어능력 등 다양한 분야의 두뇌 훈련을 위한 두뇌게임을 비롯하여, 명상을 통한 두뇌 휴식법, 알면 도움 되는 유익한 건강 정보 등 약 1000개의 영상을 업로드하며 활동 중이다. 고령화 시대에 세계적으로 사회적 문제가 되고 있는 치매를 예방하기 위해, 두뇌 훈련 후 두뇌 휴식을 병행하는 프로그램을 고안하여, 따라 하면 누구나 스스로 치매를 예방할 수 있도록 하고 있다. 6만 명을 바라보는 구독자와 누적 조회 2100만 뷰를 넘기며, 더 많은 이들에게 바른 두뇌 건강법을 전달하기 위해 열정으로 노력하는 중이다. 즐거운 마음의 강력한 치유력을 믿는 탑클래스 두뇌발전소는 앞으로도 많은 이들이 즐거운 마음으로 치매 없는 삶을 영위할 수 있도록 최선을 다할 것이다.

탑클래스
두뇌발전소
유튜브

대한치매협회

2016년 8월 네이버 밴드 '치매이야기'로 출발하여 치매로부터 자유로운 세상, 치매가 있어도 불편하지 않은 세상, 행복하고 존엄한 노년이 보장되는 세상을 만들고자 2019년 1월 대한치매협회를 정식 발족하였다. 가르치고 배우면서 서로 성장한다는 교학상장(敎學相長)을 모토로 치매아카데미, 역량강화학교, 치매예방학교, 치매전문학교, 웰에이징학교, 웰다잉학교, 장기요양학교, 시니어비즈니스학교, 특별양성학교, 디지털역량강화학교, 심리상담학교, 치매예방마술, 역사인문학교실, 독서클럽, 연구분과, 자격과정 등의 각종 프로그램을 운영하였다. 치매 환자와 가족이 안심하고 살아갈 수 있는 인적·물적 환경을 조성하여 지역사회돌봄(커뮤니티케어)을 구축하고자 치매와 고령사회에 대한 양질의 정보를 제공하고 있으며, 온/오프라인 교육 및 학술 활동을 통한 치매 전문인력 양성, 배움과 나눔을 통한 치매에 대한 올바른 이해와 치매 인식개선 활동, 회원 간/기관 간/지역 간의 네트워크 강화와 활성화, 치매예방·치매돌봄·치매치료에 대한 비의료적 개입의 연구개발 및 보급에 적극적으로 임하고 있다.

치매이야기(고령사회) 밴드 http://band.us/@dementia

대한치매협회 홈페이지 http://www.dementia.kr

채널 모음 https://linktr.ee/k_dementia

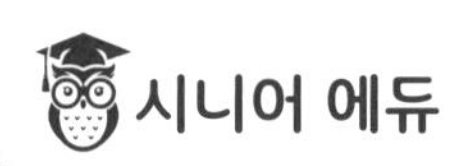

인지건강 증진을 위한

두뇌 훈련

탑클래스 두뇌발전소·대한치매협회 공저

3

봄편

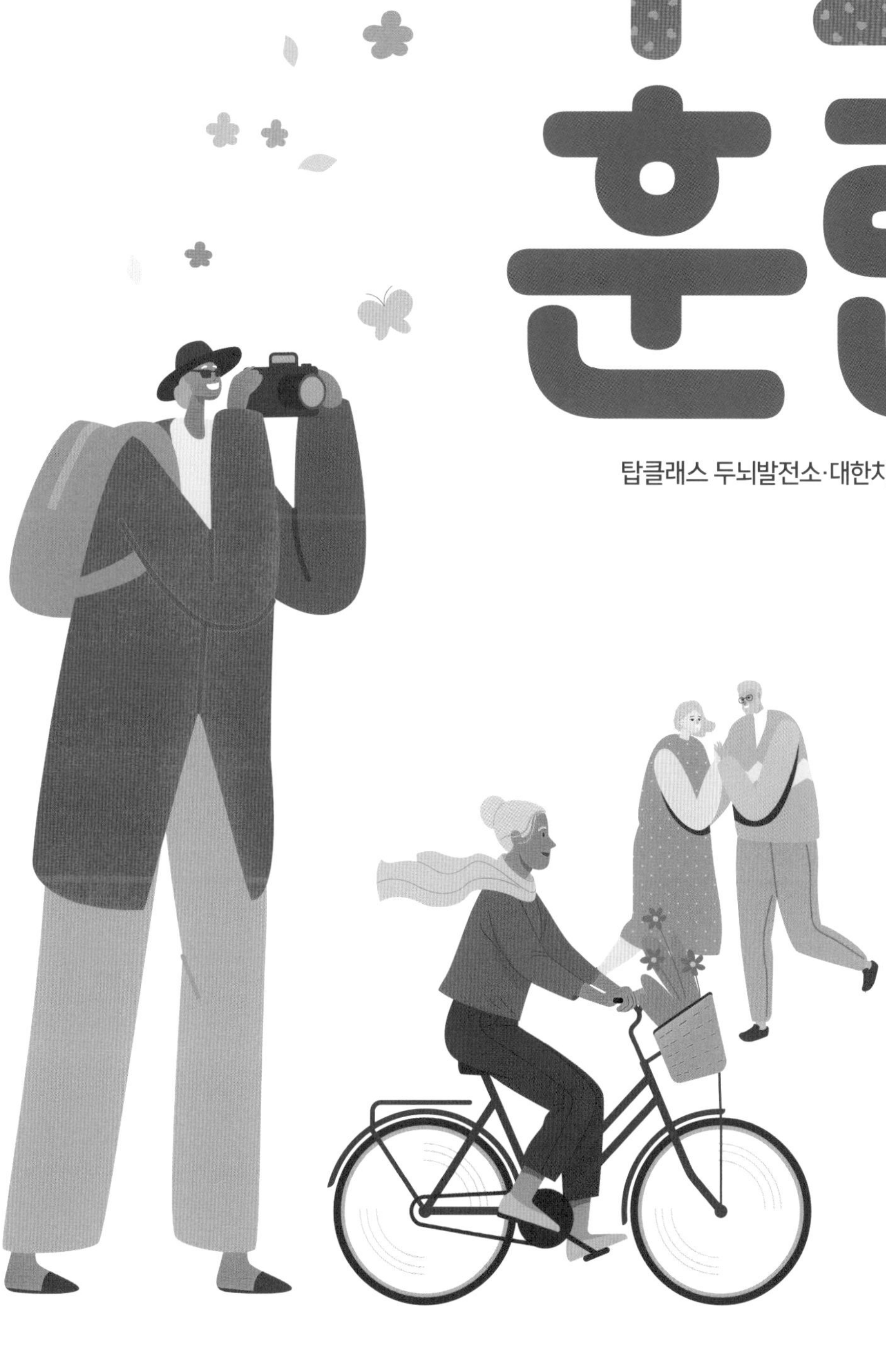

동양북스

요즘 주변을 돌아보면, 단순 건망증에도 '혹시 내가 치매는 아닐까?' 염려하는 사람들이 많습니다. 자연스러운 노화 현상인 기억력 감퇴나 신체 기능 저하일 수 있음에도 미리 걱정하고 두려워하는 이유는, 치매가 아직 발병 원인조차 명확히 밝혀지지 않은, 완치할 수 없는 병이기 때문입니다. 이는 치매 예방의 중요성이 강조되는 이유이기도 합니다.

치매를 예방하고 건강하게 두뇌를 발전시키기 위해서는 꾸준한 훈련을 통해 두뇌 세포를 활성화하고, 바른 휴식법으로 두뇌 능력을 강화하는 것이 중요합니다. 그리고 이러한 훈련에 앞서 무엇보다 중요한 것은, 하루하루 건강하게 변화하는 두뇌를 생각하며 즐거운 마음으로 훈련과 휴식에 임하는 것입니다. 이러한 즐거운 마음가짐은, 언제 나에게 올지 모를 치매에 대비하기 위해 노력한다는 마음가짐보다 훨씬 강력한 치유 효과를 발휘합니다.

이 책은 치매 예방의 핵심이 되는 두 가지, 두뇌 훈련(게임)과 두뇌 휴식(명상)을 중점으로 구성하여 두뇌 강화 효과가 극대화될 수 있도록 하였습니다.

첫 번째, 25가지 재밌는 두뇌 게임으로 이루어진 두뇌 훈련은, 반복과 집중을 통해 뇌에 건강한 자극을 줌으로써 신경세포의 기능을 향상하고, 세포 간 연결망인 시냅스를 활성화합니다. 기억력, 집중력, 관찰력, 판단력, 언어 능력, 계산 능력 등 인지 능력이 재밌는 게임을 하는 동안 체계적으로 발달할 수 있도록 구성하였습니다. 아름다운 색상의 예쁜 그림들로 이루어진 게임을 꾸준히 하다 보면 마음이 밝아지고, 힐링 되어 두뇌 건강 증진에 많은 도움이 됩니다.

두 번째, 쉬어가기 코너에 구성된 명언 명상으로 두뇌 휴식을 하면, 두뇌 훈련의 효과를 최대화할 수 있습니다. 처음 명상을 접하는 분도 천천히 순서대로 따라 하며 5분이라도 꾸준히 실천하면, 두뇌 휴식의 효과를 볼 수 있습니다. 출렁이는 물결이 잦아들면 고요해진 물속이 깨끗이 보이듯, 바른 휴식을 통해 잡념이 쉬어지면 두뇌의 모든 능력은 저절로 향상됩니다.

교재는 매월 1권, 총 12권으로 이루어져 있습니다. 봄, 여름, 가을, 겨울, 계절별로 두뇌 훈련 프로그램이 마무리될 수 있도록 구성하여, 성취감을 느끼며 두뇌 훈련을 지속할 수 있습니다. 총 25종류의 두뇌 게임과 추가적인 부가 활동이 수록되어 있어, 재밌게 게임을 하다 보면 자연스럽게 다방면의 인지 능력을 고루 향상하고, 한층 더 강화할 수 있습니다. 한 권의 책 안에서 난이도 조절을 통해 효율적으로 두뇌 능력을 개선할 수 있도록 유의하였습니다.

탑클래스 두뇌발전소는 두뇌 건강의 근본이 되는 심리적 치유와 함께 효과적으로 두뇌 능력을 향상하는 방법들을 모색하고, 연구해 오고 있습니다. 두뇌 게임을 통한 두뇌 훈련 후 휴식(명상)을 함으로써 두뇌 강화 효과를 극대화하는 프로그램을 고안하는 등 지속적인 연구를 거듭하며 치매 예방 및 모든 연령대의 두뇌 개발에 도움이 되길 바라는 마음을 담아 유튜브 채널 '탑클래스 두뇌발전소'를 운영하고 있습니다.

이 책을 작업하며, 치매로부터 자유로운 세상이 되길 바라는 희망을 나눌 수 있어 뜻깊고, 보람된 시간이었습니다. 좋은 기회를 제안해 주신 대한치매협회 조범훈 회장님과 협회 강사님들께 감사드리며, 이 교재의 출간이 많은 분들께 치매 없이 건강하고, 심신의 행복이 충만한 삶의 초석이 될 수 있기를 바랍니다.

탑클래스 두뇌발전소

이제 우리나라는 노인 1천만 명, 치매 환자 1백만 명 시대를 맞이하고 있습니다. 2000년 고령화 사회(aging society: 7%)에서 2017년 고령사회(aged society: 14%)를 거쳐, 이제 초고령사회(super aged society: 20%)에 진입했습니다.

고령화에 따라 많아지고 있는 치매는 뇌의 인지기능에 문제가 발생하는 대표적인 질환이라고 할 수 있습니다. 치매는 여러 가지 다양한 원인으로 뇌기능이 손상되어 후천적으로 인지력에 문제가 생기는 질환입니다. 노년에 가장 두려워하는 질환이 치매라고 합니다.

인간에게 가장 중요한 기능 중 하나는 '인지(認知, cognition) 능력'이라고 할 수 있습니다. 사람에 따라서 조금씩 다를 수는 있겠지만 나이가 들어감에 따라 인지기능은 노화과정과 더불어 점차 감퇴하는 경향이 있습니다.

인지력 저하가 되지 않도록 예방하는 것이 무엇보다 중요하며, 만약 치매에 걸렸다면 진행 속도를 최대한 늦추는 것이 필요합니다. 이를 위해서는 적극적이고 꾸준한 두뇌 활동을 해야 합니다. 용불용설(用不用說), 뇌는 자극하고 사용하면 사용할수록 더 건강해질 수 있기 때문입니다.

치매가 진단되어 어려움을 겪는 어르신들은 물론, 인지기능이 약해지신 분들, 건강한 어르신들의 평소 꾸준하고 적극적인 두뇌 활동을 통해 뇌의 예비용량을 키워두면 인지 건강을 유지, 향상할 수 있습니다.

본 교재는 舊노년뿐만 아니라 베이비부머 등 新노년의 눈높이에 맞는 세련되고 신세대적 감각의 디자인으로 춘하추동, 봄/여름/가을/겨울 4계절을 주제로 하는 내용과 그림으로 구성하였습니다.

치매로부터 자유로운 세상, 치매가 있어도 불편하지 않은 세상, 행복하고 존엄한 노년이 보장되는 세상이 되기를 희망합니다.

대한치매협회 회장 / 치매이야기 대표
조범훈 사회복지학 박사

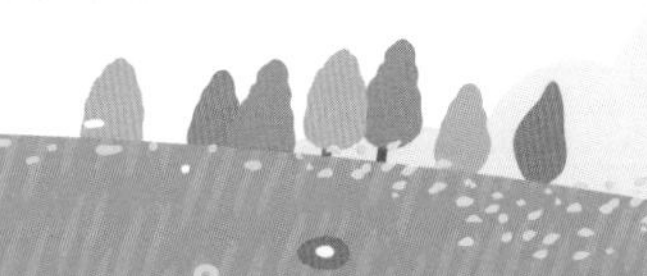

인지건강 증진을 위한 **두뇌 훈련**

차례

2

차례

1주

교재와 함께 즐기는
〈탑클래스 두뇌발전소〉 유튜브 두뇌 건강 게임

지각력과 집중력을 높이는
다른 그림 찾기

시공간 능력과 관찰력을 향상시키는
숨은 그림 찾기

1 고향이 어디인지 말해 봐요

자기인지력

저의 고향은 배를 타고 가야 하는 울릉도랍니다. 오징어가 유명하지요.

내 고향: ______________________________

(예: ○○시 / ○○군)

2 순서대로 기억해 봐요

기억력

아래 그림과 순서를 잘 관찰하여 기억해 주세요. 뒷장에 퀴즈가 있습니다.

20초가 지났어요. 천천히 페이지를 넘겨 보세요.

2 관찰한 것을 기억해 봐요

앞서 관찰한 그림을 순서대로 잘 배열한 것은 어느 것일까요?

1

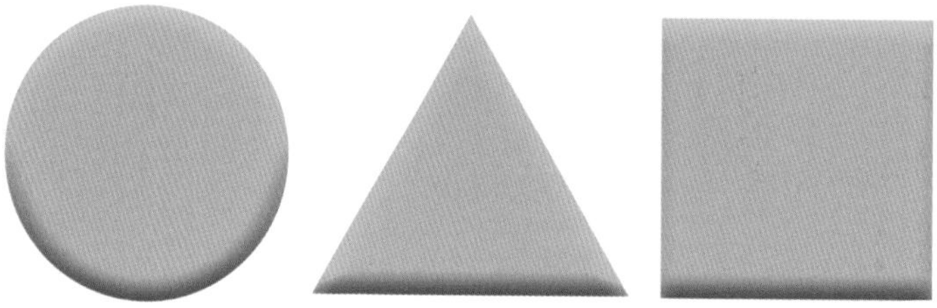

2

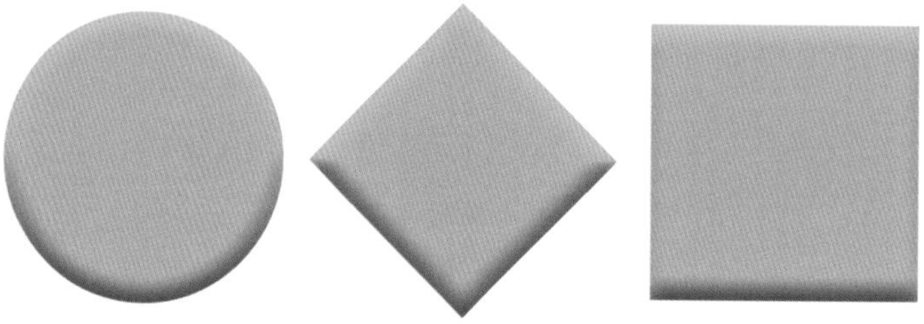

3

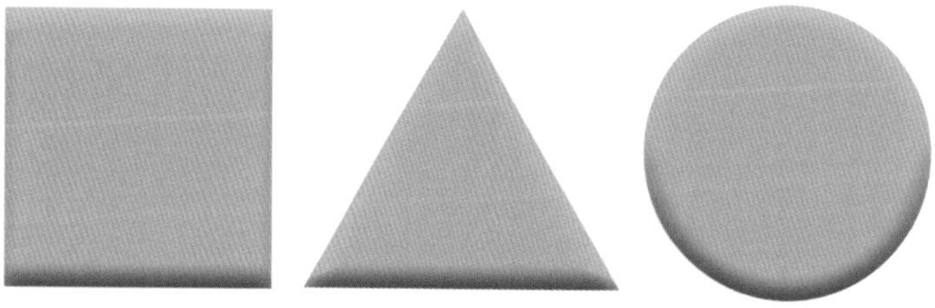

4

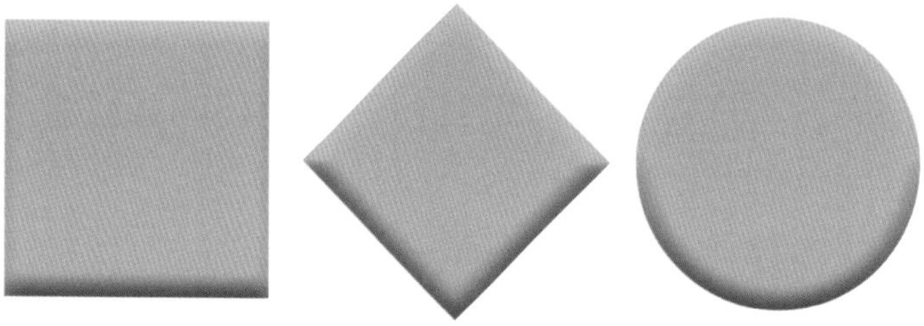

낱말의 끝말을 이어 봐요

언어력

제시어를 보고 화살표를 따라 끝말잇기를 이어 가 보세요. 빈칸을 채워 보세요.

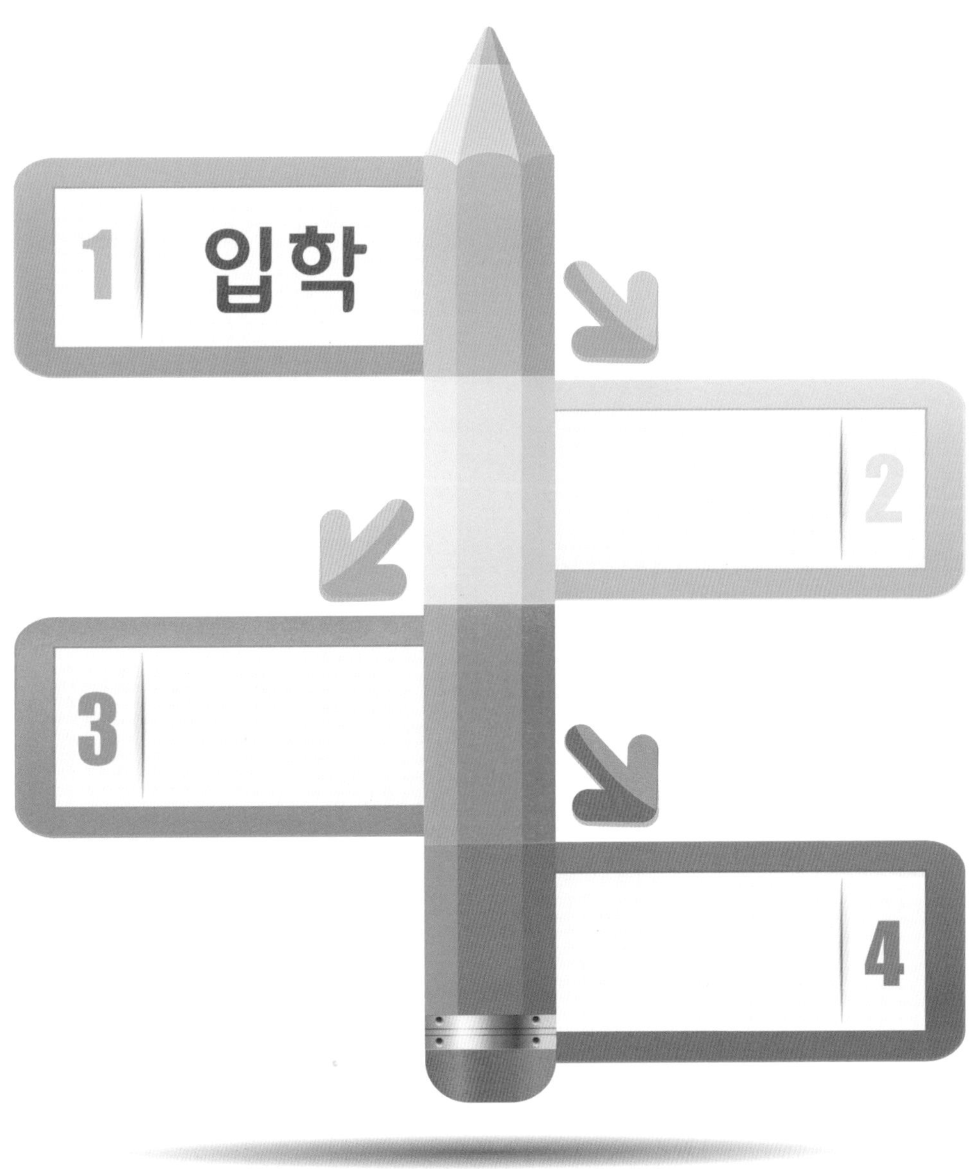

4 서로 다른 곳을 찾아봐요

가족들이 함께 봄 소풍을 왔어요. 서로 다른 두 곳을 찾아 ○해 보세요.

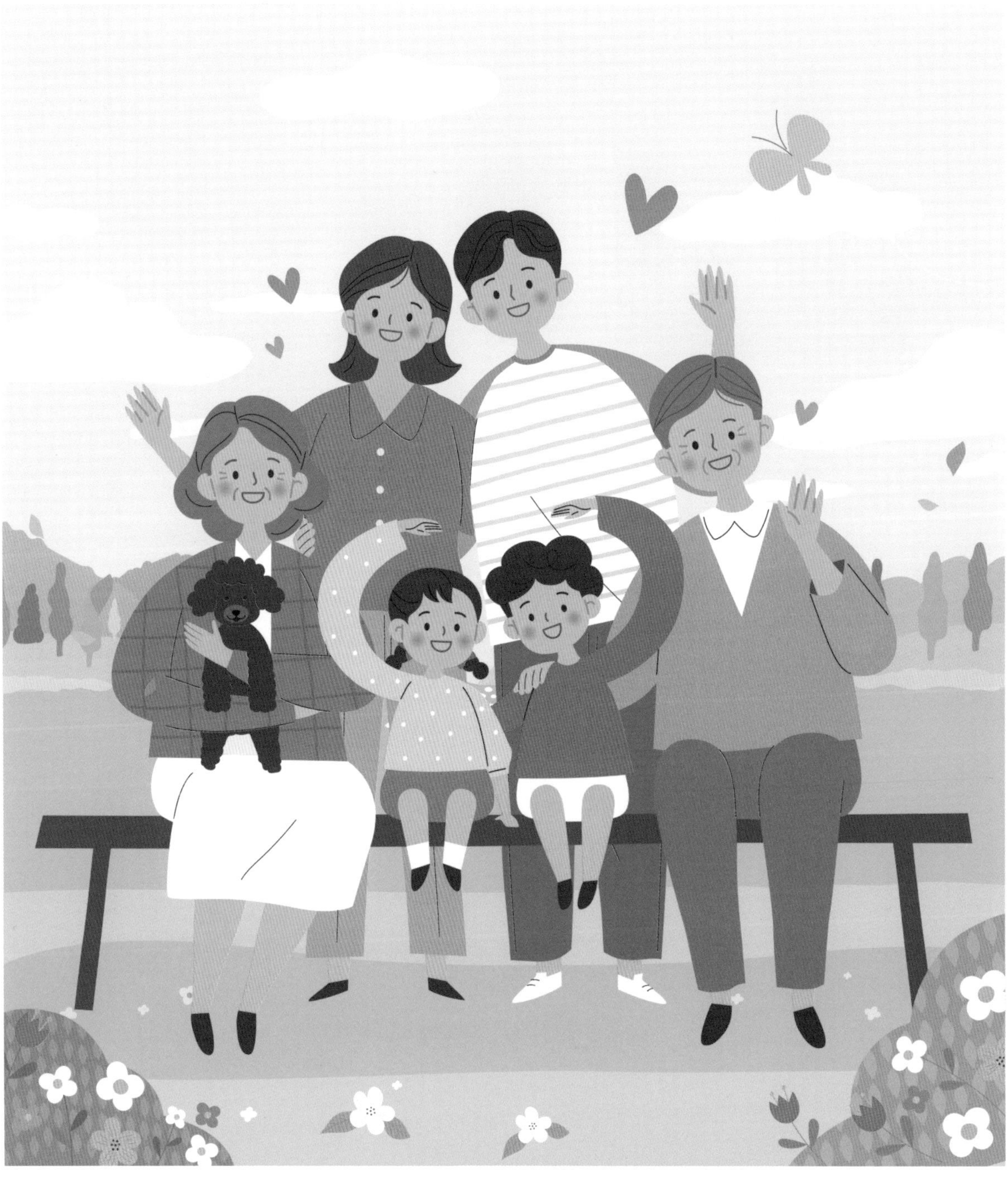

두 그림에서 흰색 하의를 입은 사람은 모두 몇 명인가요?

숫자 빨리 짚기

5 수를 순서대로 짚어 봐요

월 일 요일

순발력

1~12의 수가 있습니다. 큰 수부터 순서대로 빠른 시간 내에 짚어 보세요.

08 12 04

09 06 01

05 11 02

03 07 10

월 일 요일

초성 게임

6 초성을 보고 낱말을 맞혀 봐요

언어력

두 가지 동물 이름의 초성이 있어요. 아래 글자를 보고 동물 이름을 맞게 써 보세요.

판 ㄷ

판 ㄷ

ㅋ 알 ㄹ

ㅋ 알 ㄹ

7 숨은 그림을 찾아봐요

숨은 그림 찾기

다양한 모양의 고깔모자가 많이 있어요. 아래 그림과 같은 모자를 오른쪽 페이지에서 찾아 ○해 보세요.

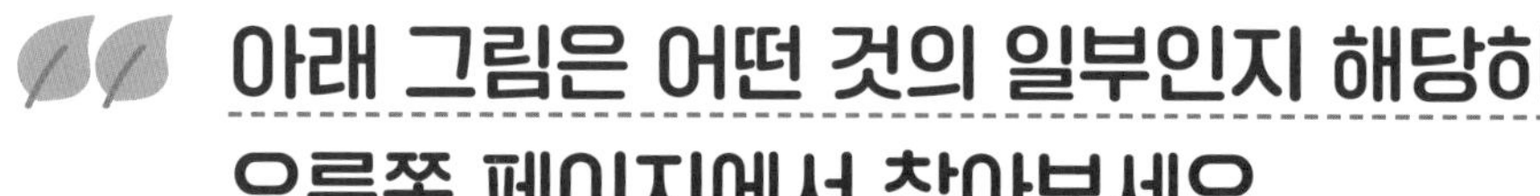

아래 그림은 어떤 것의 일부인지 해당하는 모자들을 오른쪽 페이지에서 찾아보세요.

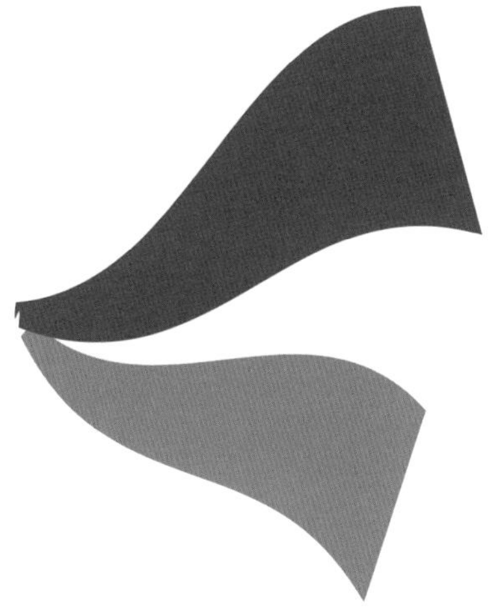

1

8 회전된 그림을 맞혀 봐요

그림 회전 퀴즈

공간지각력

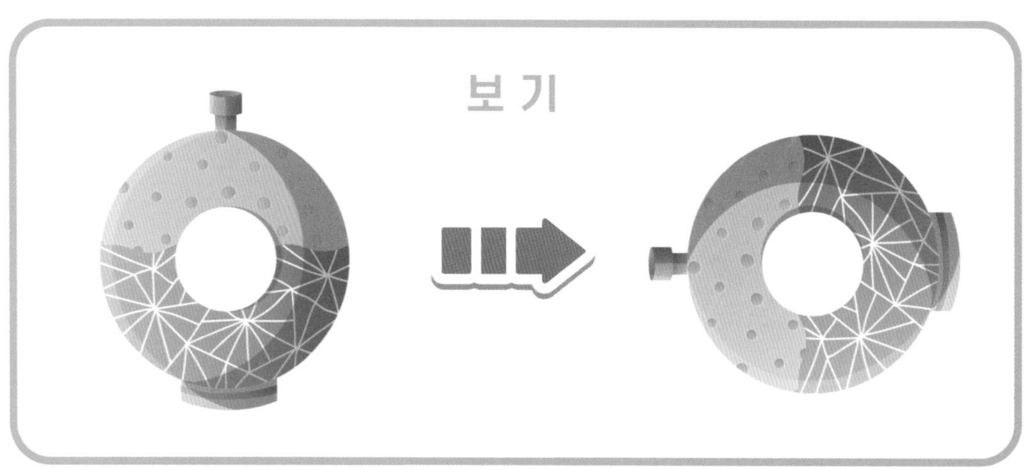

보기와 같은 방향으로 회전한 도자기는 몇 번인가요?

보기와 같은 방향으로 회전한 도자기를 그려 보세요.

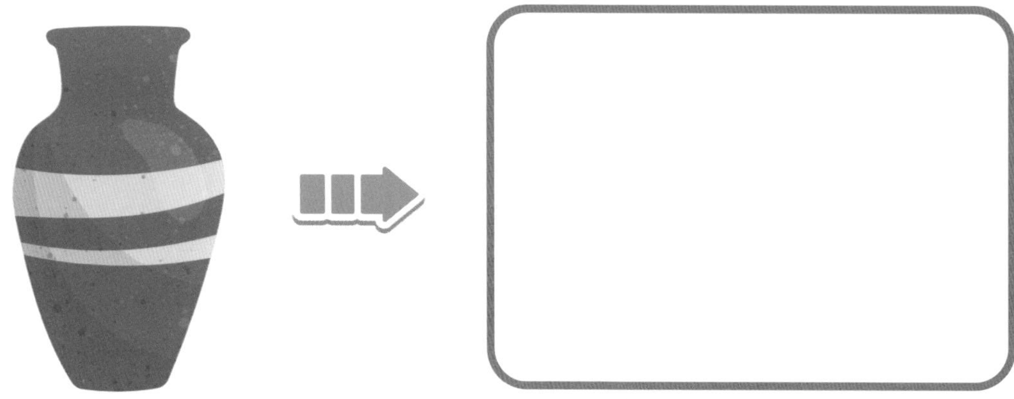

9 다른 그림을 찾아봐요

다른 그림 찾기

집중력

전을 부쳐 먹기 좋은 애호박이 있어요. 다른 그림 한 개를 찾아보세요.

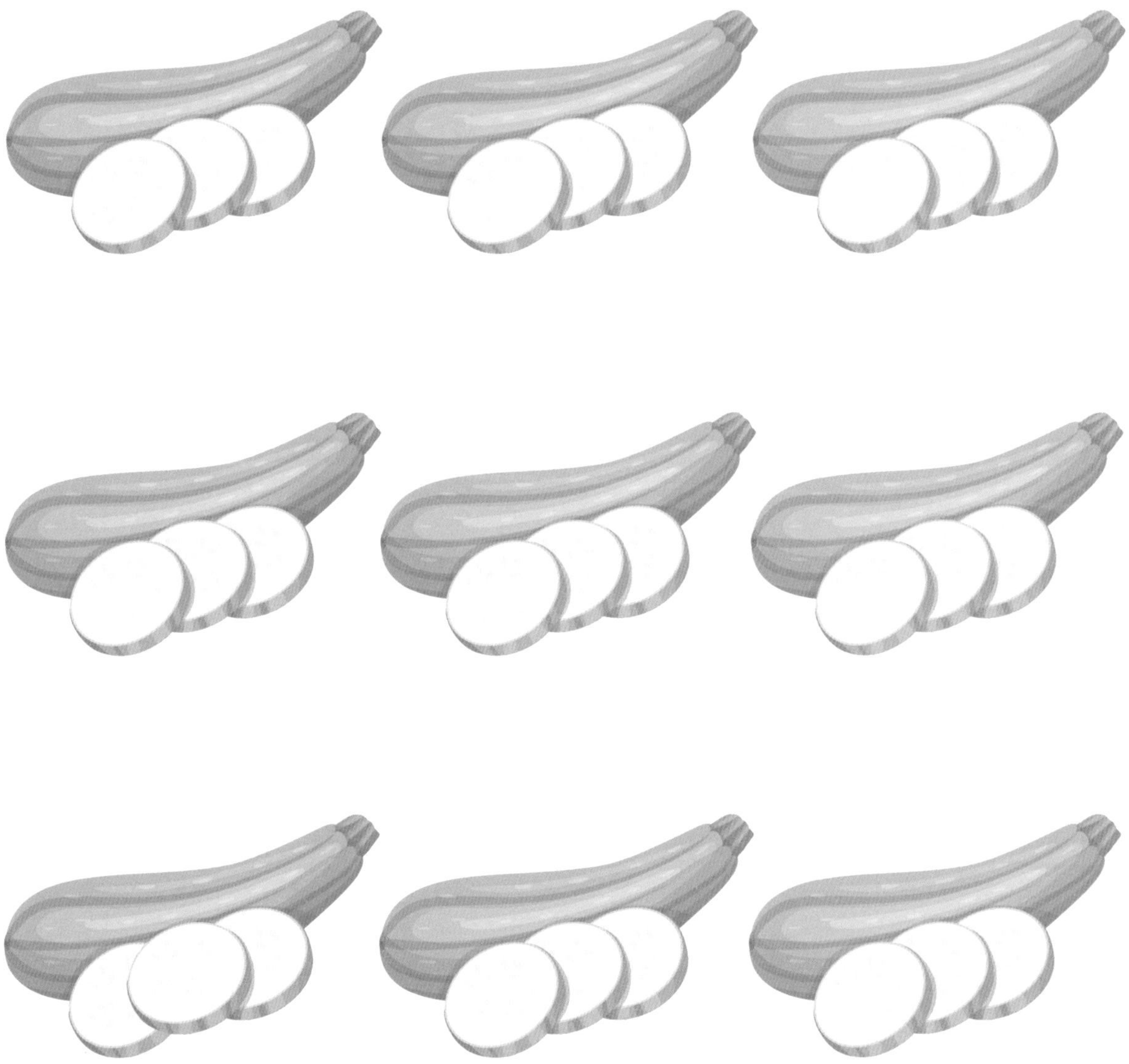

애호박이 들어가는 요리를 아는 대로 말해 봐요.

10 낱말의 끝말을 이어 봐요

끝말잇기

언어력

제시어를 보고 끝말잇기를 이어 가 보세요. 순서대로 빈칸을 채워 보세요.

경	① 치		
	②		③

11 얼마인지 맞혀 봐요

여러 종류의 지폐와 동전이 있어요. 아래 질문에 답을 써 보세요.

1 모두 합하면 얼마인가요? ____________ 원

2 지폐 수가 가장 많은 것은 얼마짜리 지폐인가요?

____________ 원권 지폐

12 같은 그림을 찾아봐요

월 일 요일

집중력

새콤달콤 다양한 맛의 사탕이 많이 있어요. 같은 사탕 두 개를 찾아 ○해 보세요.

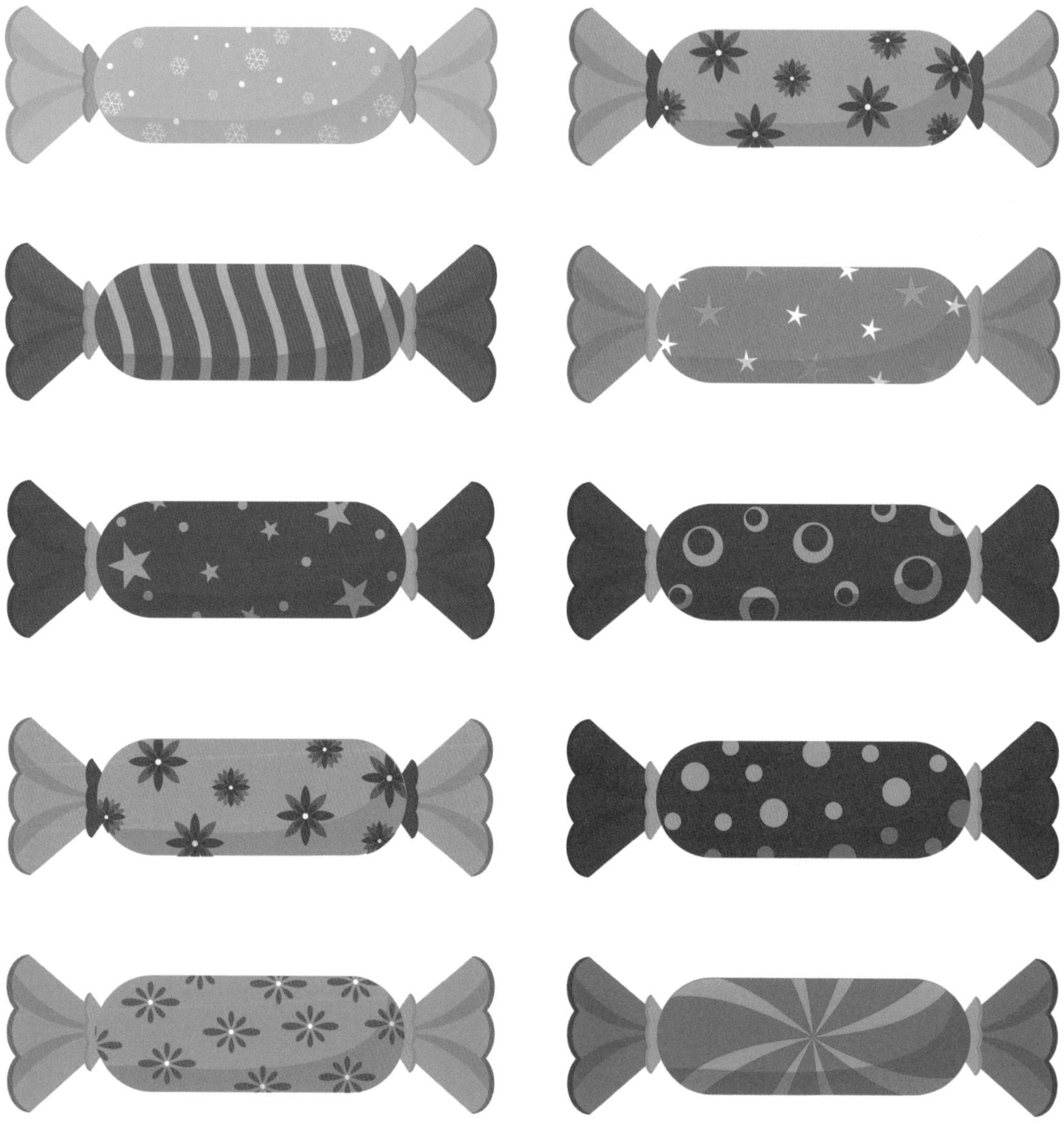

초성 게임

초성을 보고 낱말을 맞혀 봐요

언어력

두 가지 채소 이름의 초성이 있어요. 아래 글자를 보고 채소 이름을 맞게 써 보세요.

14 서로 다른 곳을 찾아봐요

알록달록 화려한 문양의 나비가 있어요. 서로 다른 두 곳을 찾아 ○해 보세요.

서로 다른 곳의 어느 부분이 어떻게 다른지 말해 봐요.

15 없는 수를 찾아봐요

없는 수 찾기

수리력

1~18의 수가 있어요. 없는 수 두 개를 찾아보세요.

01 02 03 04

06 07 08 09

10 11 12 13

14 15 16 18

두 번째로 큰 홀수는 무엇인가요?

명언 명상
동영상

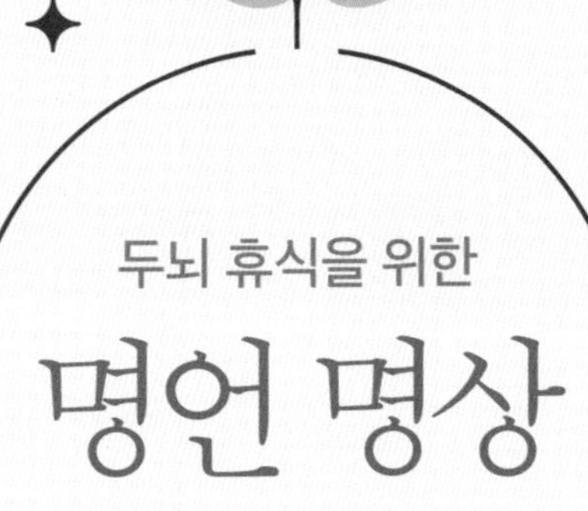

두뇌 휴식을 위한

명언 명상

명언 명상은 자연의 소리와 함께
명언을 들으며 두뇌를 휴식하는 명상입니다.
방 안의 불을 켜면 어둠은 자연히 일시에 사라지듯,
명언을 3번 반복해서 듣는 동안 마음은 밝아지고, 편안해집니다.
명상을 하면 뇌파는 알파파, 세타파로 변하여
통찰력, 기억력 등 모든 두뇌의 능력이 향상됩니다.

명상하기

1

편안한 자세로 척추를 펴고 앉습니다. 허리와 어깨의 긴장을 풀어 봅니다. 앉는 자세가 힘드신 분은 눕거나 기대셔도 좋습니다. 누워서 하시는 분은 잠들지 않도록 유의합니다.

2

고개를 앞, 뒤, 좌우로 천천히 돌려 목의 긴장을 풉니다. 눈을 살며시 감고, 눈썹과 눈썹 사이 미간의 긴장을 풀어 봅니다.

3

온몸을 편안하게 이완하는 심호흡을 해 봅니다. 코로 숨을 깊이 들이쉬고, 입으로 숨을 천천히 내쉽니다. 코로 숨을 들이쉴 때는 아랫배가 나오고, 입으로 숨을 내쉴 때는 아랫배가 들어갑니다. 3번 반복합니다. 심호흡 후엔 자연스럽게 호흡합니다.

4

자연의 소리와 함께 명언을 들으며 휴식해 봅니다. 명언을 들을 때 잡념으로 인해 집중되지 않더라도 상관하지 않습니다. 알아차리는 순간, 다시 명언을 듣는 데 집중할 뿐 따로 생각을 없애려 하지 않습니다.

5

명언을 기억하려 노력하지 않아도 됩니다. 3번 반복을 통해 지혜는 밝아지고, 자연히 두뇌가 휴식합니다.

6

처음엔 하루 1개의 명언 명상도 좋습니다. 내가 부담 없이 편안히 할 수 있는 시간부터 조금씩 늘려 갑니다. 한 번에 긴 시간을 불규칙적으로 하기보다 매일 짧은 시간이라도 규칙적으로 하는 것이 더 효과적입니다.

오늘의 명언

친구를 사귀되 내가 이롭기를 바라지 말라.
내가 이롭고자 하면 의리를 상하게 되나니
그래서 성인이 말씀하시되
「순결로서 사귐을 길게 하라」 하셨느니라.

남이 내 뜻대로 순종해 주기를 바라지 말라.
남이 내 뜻대로 순종해 주면 마음이 스스로 교만해지나니
그래서 성인이 말씀하시되
「내 뜻에 맞지 않는 사람들로서 원림을 삼으라」 하셨느니라.

이익을 분에 넘치게 바라지 말라.
이익이 분에 넘치면 어리석은 마음이 생기나니
그래서 성인이 말씀하시되
「적은 이익으로서 부자가 돼라」 하셨느니라.

- <보왕삼매론>

2주

교재와 함께 즐기는

〈탑클래스 두뇌발전소〉 유튜브 두뇌 건강 게임

관찰력과 주의력을 향상시키는

서로 다른 곳 찾기

판단력과 집중력을 높이는

같은 그림 찾기

1 지금 시간을 말해 봐요

시간인지력

요즘 시간이 부쩍 빨리 지나가는 것 같아요. 어느새 점심 식사 시간이 되었네요.

지금 시간: ________ 시 ________ 분

오늘 일어난 시간: ________ 시 ________ 분

2 낱말과 색을 바르게 맞춰 봐요

언어지각력

날말의 뜻과 색이 일치하는 것을 찾아 ○해 보세요.

빨강 노랑 초록

빨강 파랑 초록

노랑 초록 파랑

파랑 노랑 빨강

빨간색 글자는 모두 몇 개인가요?

서로 다른 곳을 찾아봐요

예쁜 꽃으로 장식된 마카롱 과자가 많이 있어요. 서로 다른 두 곳을 찾아 ○해 보세요.

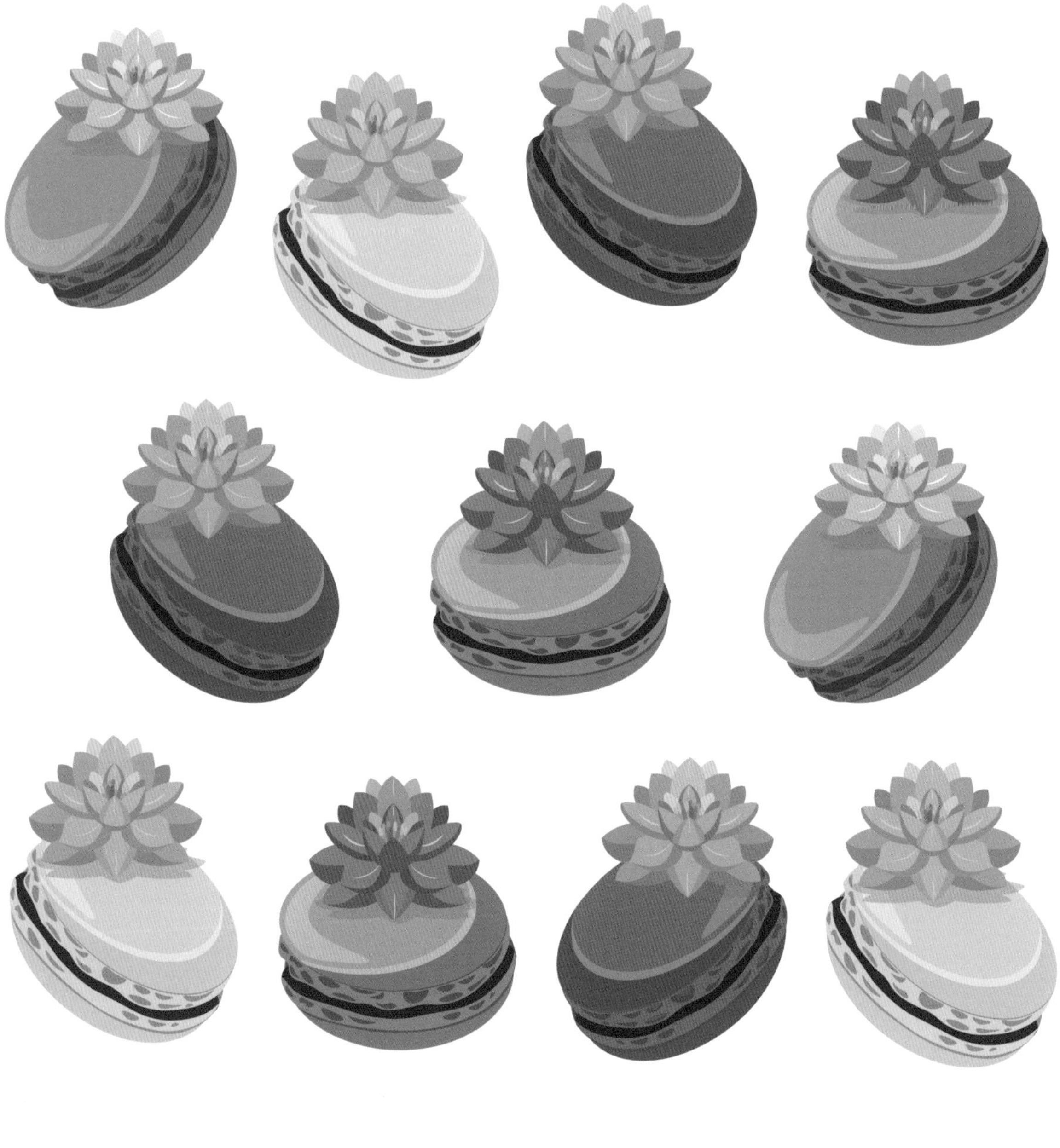

맛에는 오미(五味)라고 해서 대표적인 다섯 가지 맛이 있습니다. 무엇일까요?

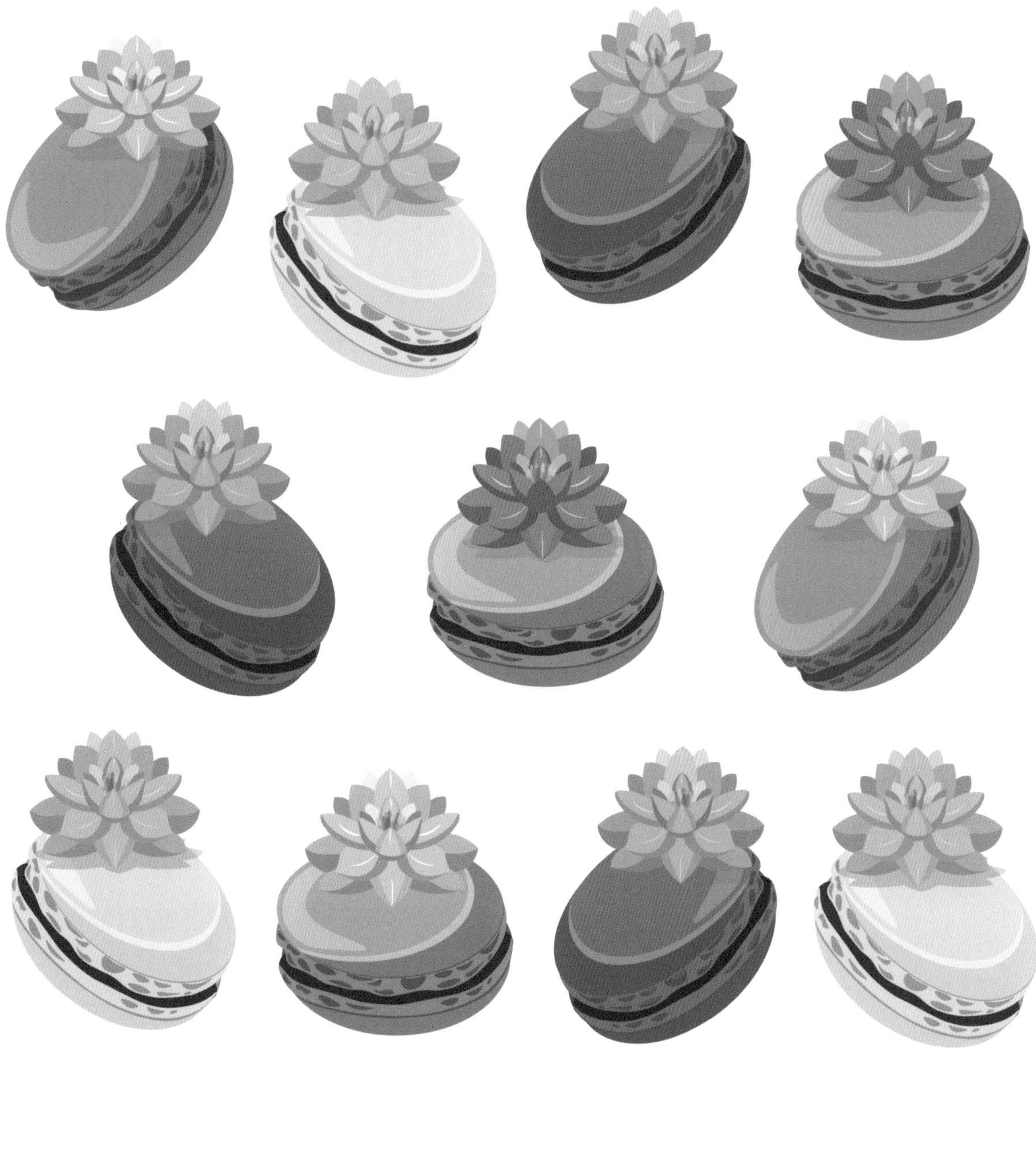

끝말잇기

4 낱말의 끝말을 이어 봐요

언어력

제시어를 보고 화살표를 따라 끝말잇기를 이어 가 보세요. 빈칸을 채워 보세요.

5 수를 순서대로 짚어 봐요

순발력

31~42의 수가 있습니다. 작은 수부터 순서대로 빠른 시간 내에 짚어 보세요.

알록달록 봄 스티커가 많이 있어요. 아래 그림과 같은 스티커를 오른쪽 페이지에서 찾아 ○해 보세요.

아래와 같은 스티커를 오른쪽 페이지에서 찾아 색이 없는 부분을 똑같이 칠해 봐요.

월 일 요일

7 두 자릿수 낱말을 맞혀 봐요

언어력

보기와 같이 질문에 맞는 답을 말해 봐요.

보 기

채소 이름 두 자릿수 낱말 3개를 말해 보세요.

배추, 오이, 가지

1 곤충 이름 두 자릿수 낱말 3개를 말해 보세요.

2 과일 이름 두 자릿수 낱말 3개를 말해 보세요.

월 일 요일

자세히 관찰하고 기억해 봐요

기억력

아래 그림을 잘 관찰해 주세요. 뒷장에 퀴즈가 있습니다.

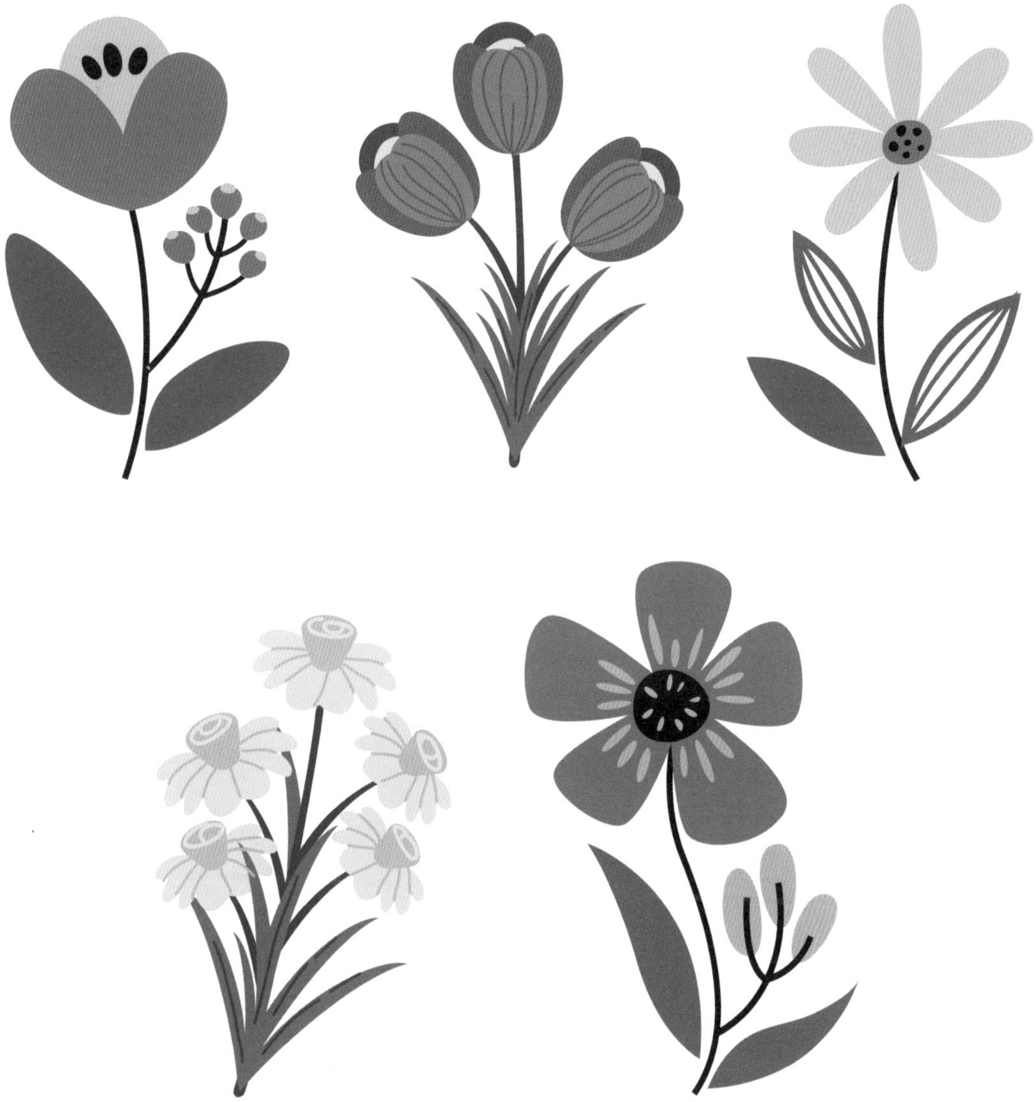

60초가 지났어요. 천천히 페이지를 넘겨 보세요.

앞서 관찰한 그림에서 있었던 꽃은 몇 번인가요?

1

2

3

4

9 다른 그림을 찾아봐요

다른 그림 찾기

집중력

예쁜 연꽃이 많이 피어 있어요. 다른 연꽃 한 송이를 찾아보세요.

가장 좋아하는 꽃의 이름을 말해 봐요.

10 낱말의 끝말을 이어 봐요

제시어를 보고 끝말잇기를 이어 가 보세요. 순서대로 빈칸을 채워 보세요.

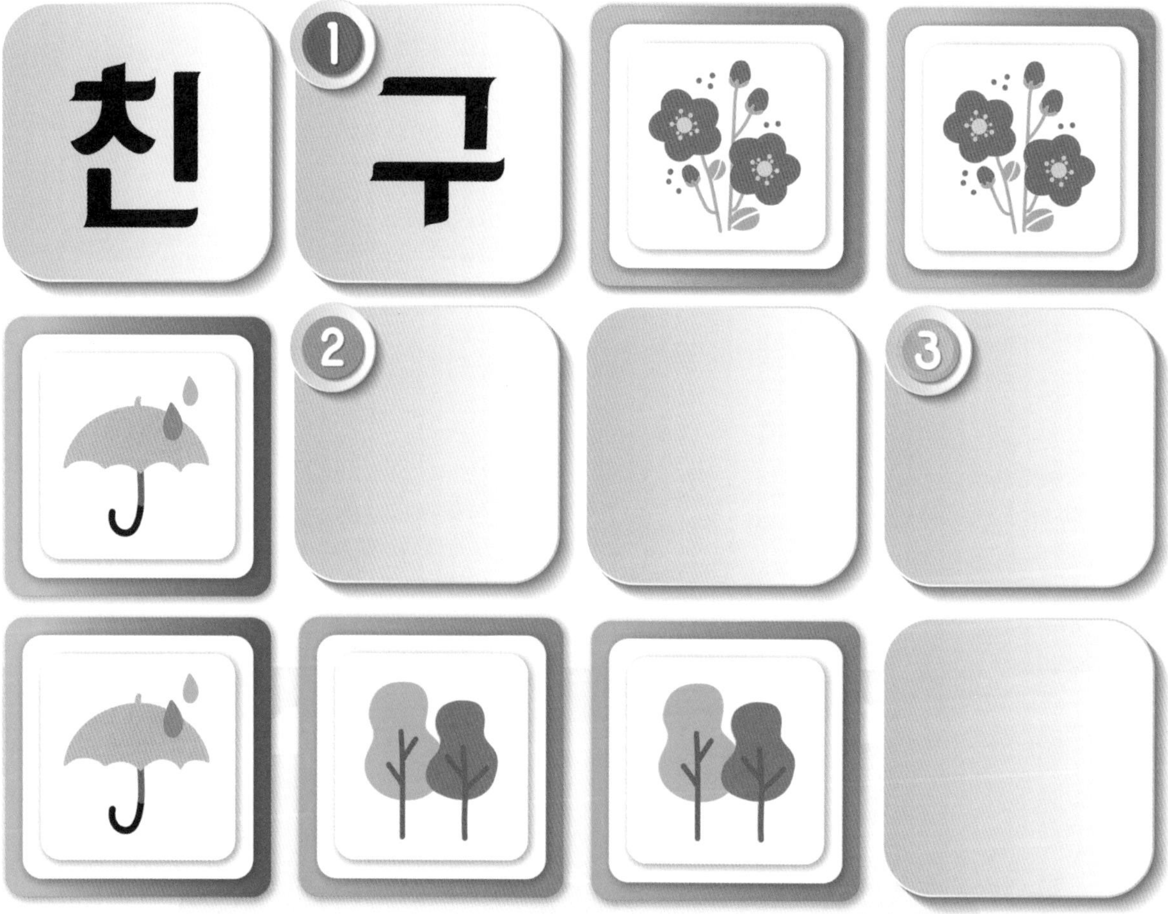

친 | ① 구

②

③

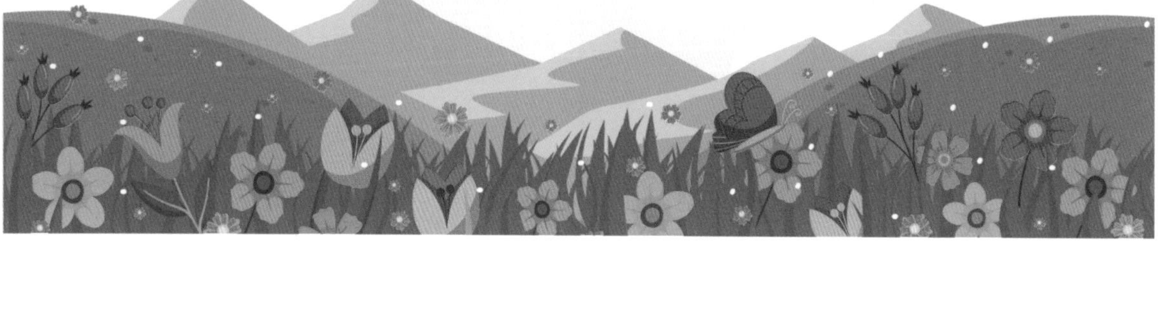

월 일 요일

계산력

길을 따라 순서대로 계산하여 빈칸을 채워 보세요.

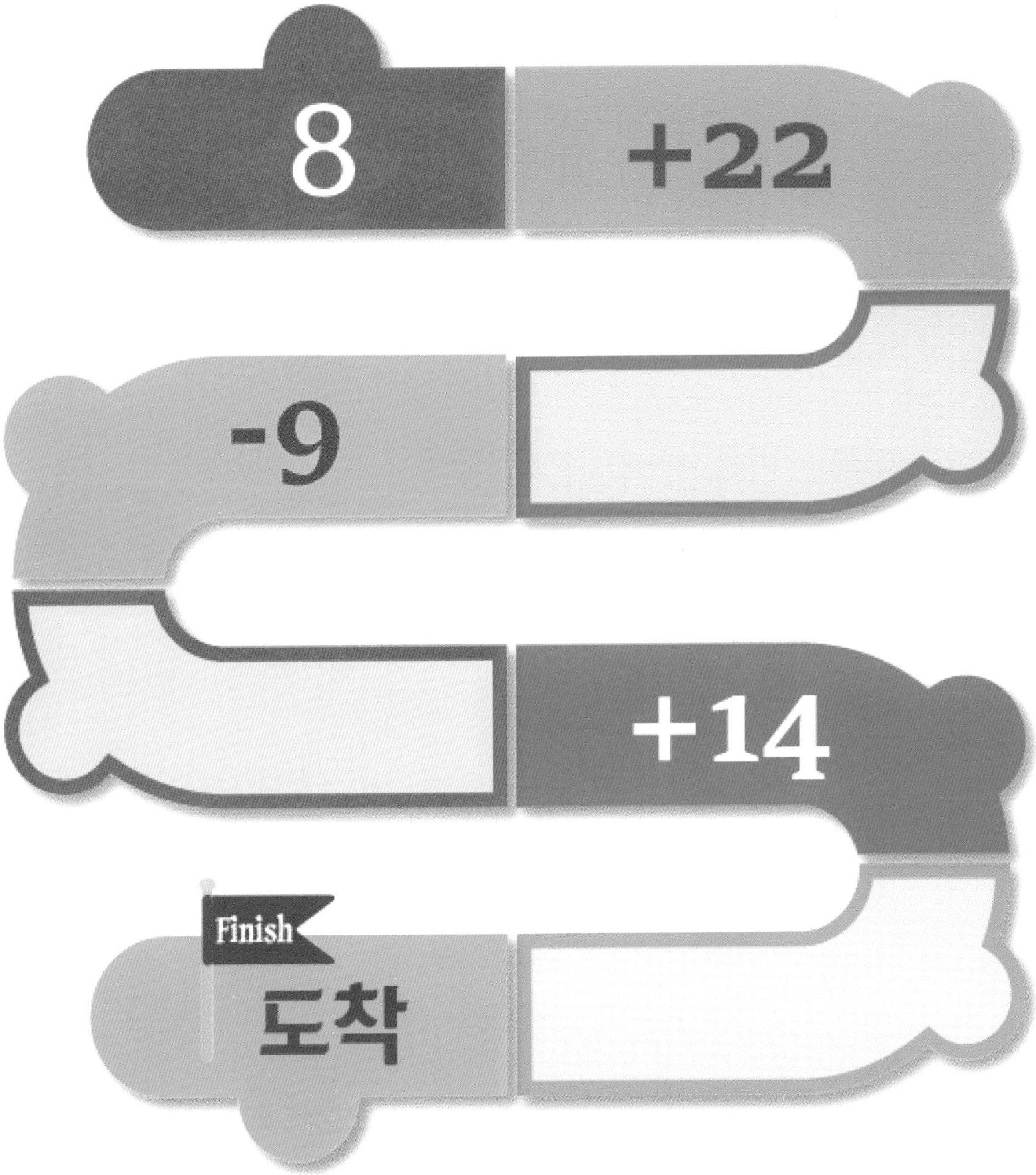

8

+22

-9

+14

Finish

도착

12 같은 그림을 찾아봐요

같은 그림 찾기

집중력

알록달록 예쁜 풍선들이 많이 있어요. 같은 풍선 두 개를 찾아 ○해 보세요.

13 순서대로 기억해 봐요

순서 맞히기

기억력

아래 그림과 순서를 잘 관찰하여 기억해 주세요. 뒷장에 퀴즈가 있습니다.

20초가 지났어요. 천천히 페이지를 넘겨 보세요.

퀴즈 앞서 관찰한 그림을 순서대로 잘 배열한 것은 어느 것일까요?

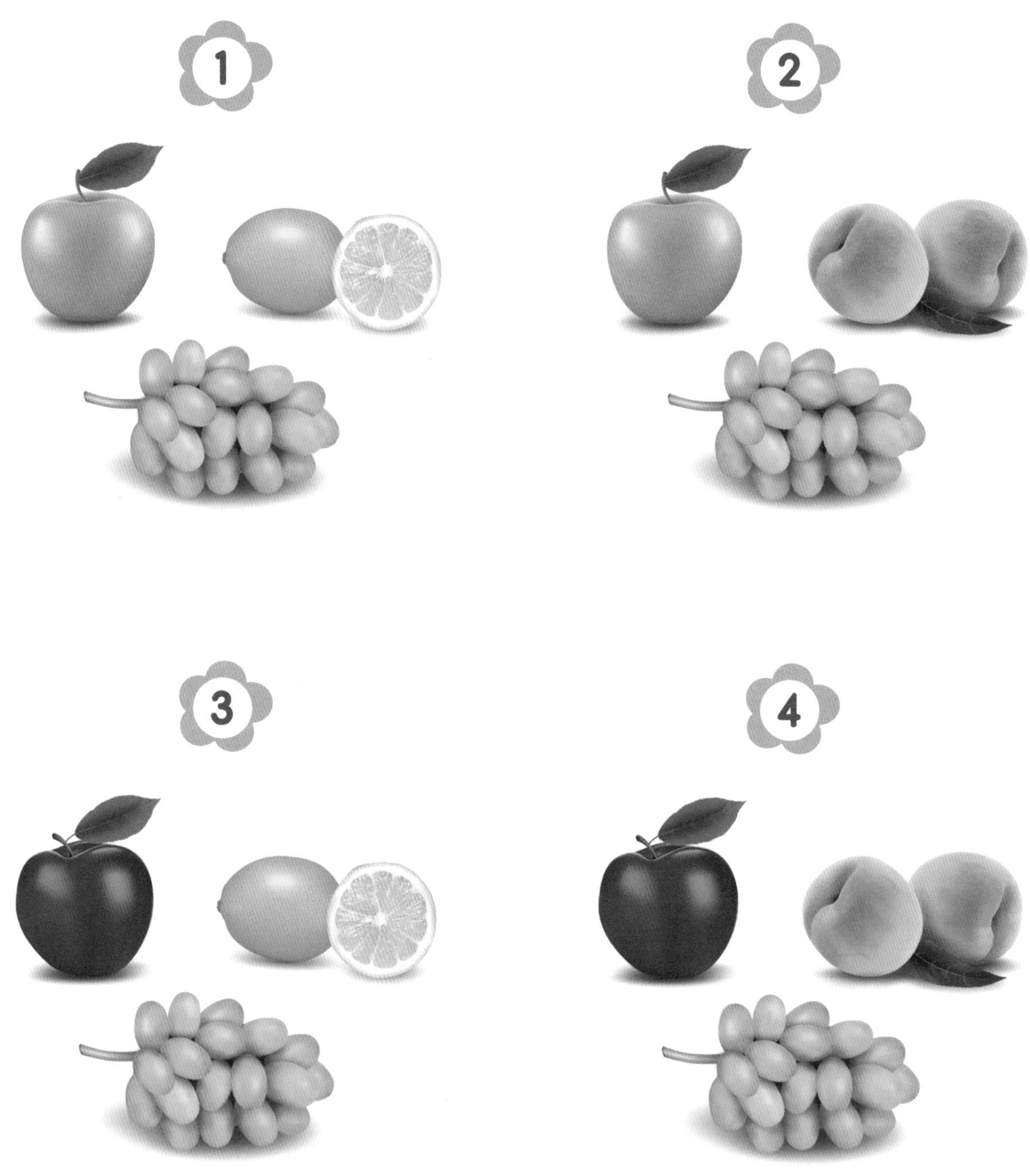

초성 게임

월 일 요일

14 초성을 보고 낱말을 맞혀 봐요

언어력

두 가지 곤충 이름의 초성이 있어요. 아래 글자를 보고 곤충 이름을 맞게 써 보세요.

개 ㅁ

개 ㅁ

ㅂ ㄷ 불 ㅇ

ㅂ ㄷ 불 ㅇ

15 서로 다른 곳을 찾아봐요

서로 다른 곳 찾기

빨래방에 많은 물건들이 있어요. 서로 다른 두 곳을 찾아 ○해 보세요.

두 그림에서 옷걸이에 걸린 옷은 모두 몇 개인가요?

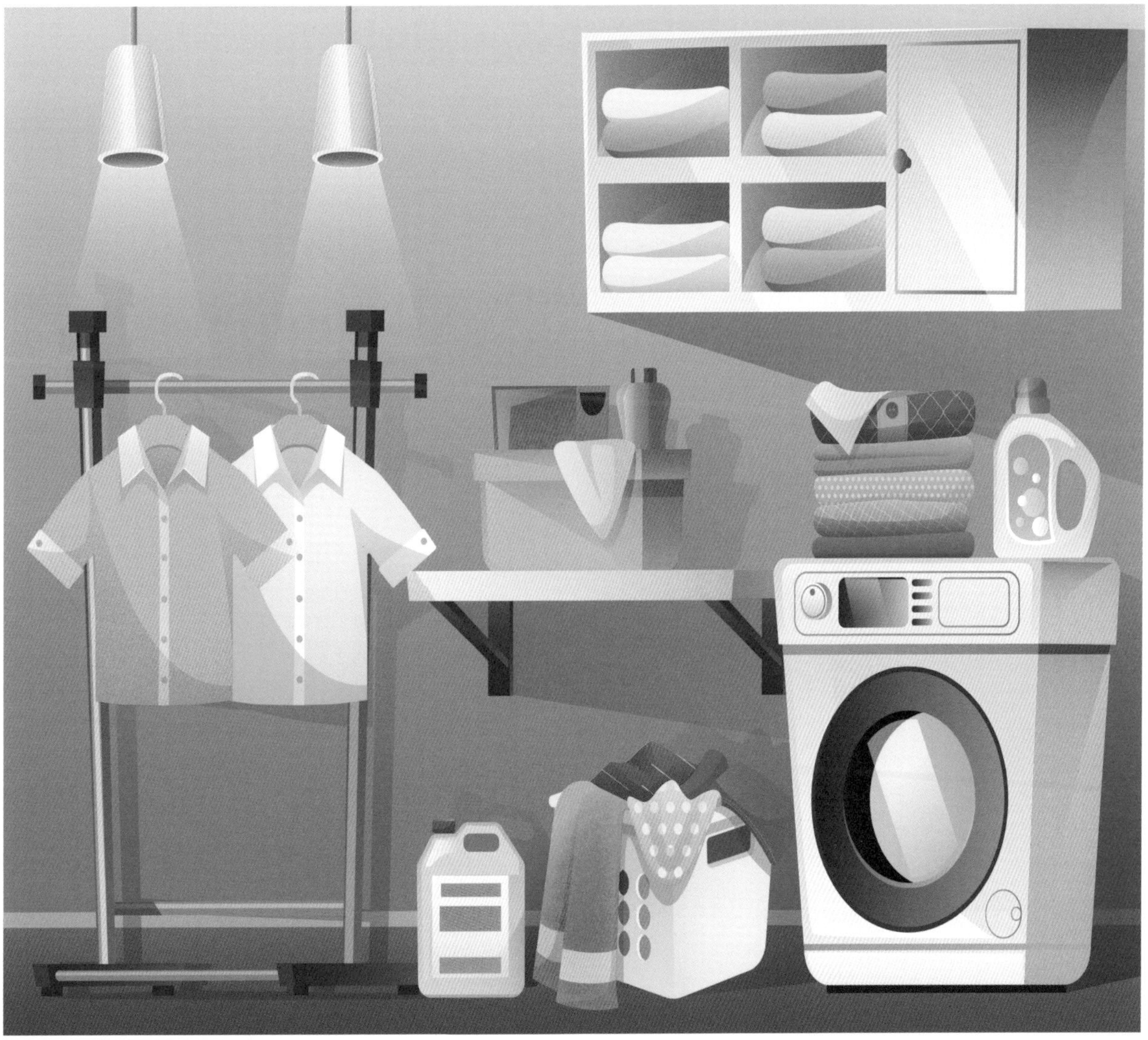

알수록 재미있는 건강 지혜

죽기 직전까지 새로 태어나는 뇌세포

죽기 직전까지도 성인 뇌의 해마에서는 매일 수천 개의 새로운 뉴런이 생성됩니다. 뉴런이란, 뇌의 신경을 구성하는 세포를 말합니다. 즉, 우리의 뇌에서는 매일 수천 개의 새로운 뇌세포가 만들어진다는 뜻입니다.

뇌뿐만이 아닌, 우리 몸은 끊임없이 낡은 세포를 버리고 새로운 세포와 조직으로 매 순간 태어납니다. 위장 세포는 2~3일마다, 피부는 2~4주마다, 면역 기능의 중심인 백혈구는 3~20일마다, 혈액의 주요 성분인 적혈구는 120일마다 완전히 새로 바뀝니다.

놀라운 재생력을 가진 우리 몸은 스스로를 쉼 없이 치유합니다. 해로운 음식이 들어오면 구토나 설사를 일으켜 유해물질을 몸 밖으로 내보내고, 상처가 나면 혈액을 응고시켜 과다 출혈과 병원균의 침입을 막는 등 고도의 치유력으로 신속하고 정교하게 스스로를 치유합니다.

이렇게 강력한 치유력과 죽는 순간까지도 새로 태어나는 생명력을 가진 우리 몸이지만, 새로 생성된 세포가 생존하고 건강하기 위해 절대적인 역할을 하는 것이 있는데 바로, 마음과 생활입니다.

스트레스가 적은 밝은 마음, 적절한 영양, 충분한 수면과 운동, 경험과 학습을 통한 새로운 자극 등이 신경 세포의 생성을 촉진하며, 특히 밝은 마음은 새로운 뇌세포가 자라는 데 핵심 요소가 됩니다.

적극적인 의지, 무언가에 대한 열정, 기쁨과 사랑 같은 긍정적인 감정은 죽는 순간까지 젊은 뇌를 유지시키는 강력한 자양분입니다.

이 순간 어떤 마음을 가지느냐에 따라 우리의 뇌는 항상 변화하며, 이는 젊고, 건강한 뇌를 유지하는 핵심이 됩니다.

교재와 함께 즐기는
〈탑클래스 두뇌발전소〉 유튜브 두뇌 건강 게임

기억력과 주의집중력을 높이는
기억력 게임

언어력과 기억력을 강화하는
초성 게임

1 이 장소는 무엇인지 말해 봐요

장소인지력

매일 아침 친구들과 등교하던 곳으로, 즐거운 추억이 많은 장소입니다.

장소 이름: ____________________

2 순서대로 기억해 봐요

순서 맞히기

기억력

아래 숫자와 순서를 잘 관찰하여 기억해 주세요. 뒷장에 퀴즈가 있습니다.

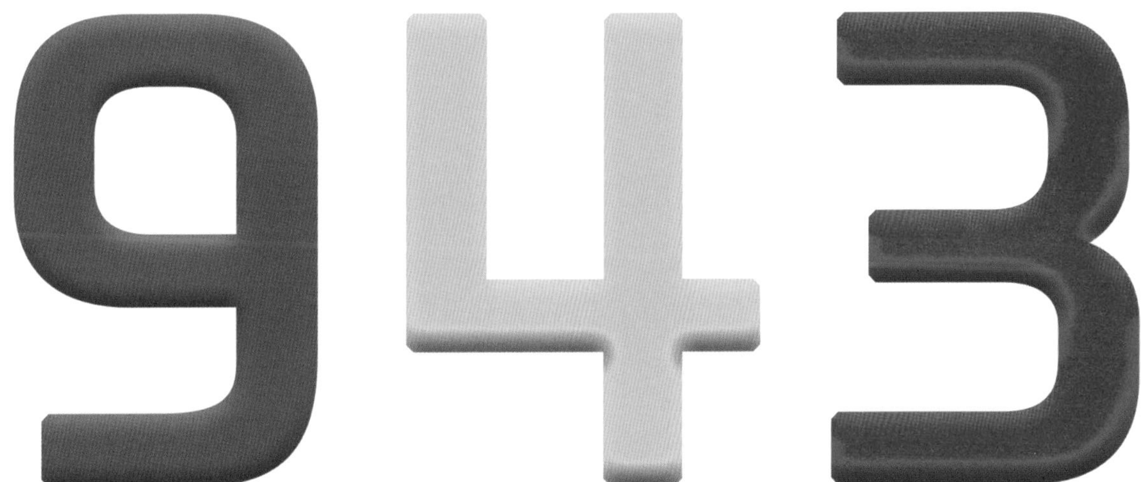

40초가 지났어요. 천천히 페이지를 넘겨 보세요.

퀴즈 앞서 관찰한 숫자를 순서대로 잘 배열한 것은 어느 것일까요?

① 943

② 934

③ 943

④ 934

3 낱말의 끝말을 이어 봐요

언어력

제시어를 보고 화살표를 따라 끝말잇기를 이어 가 보세요.
빈칸을 채워 보세요.

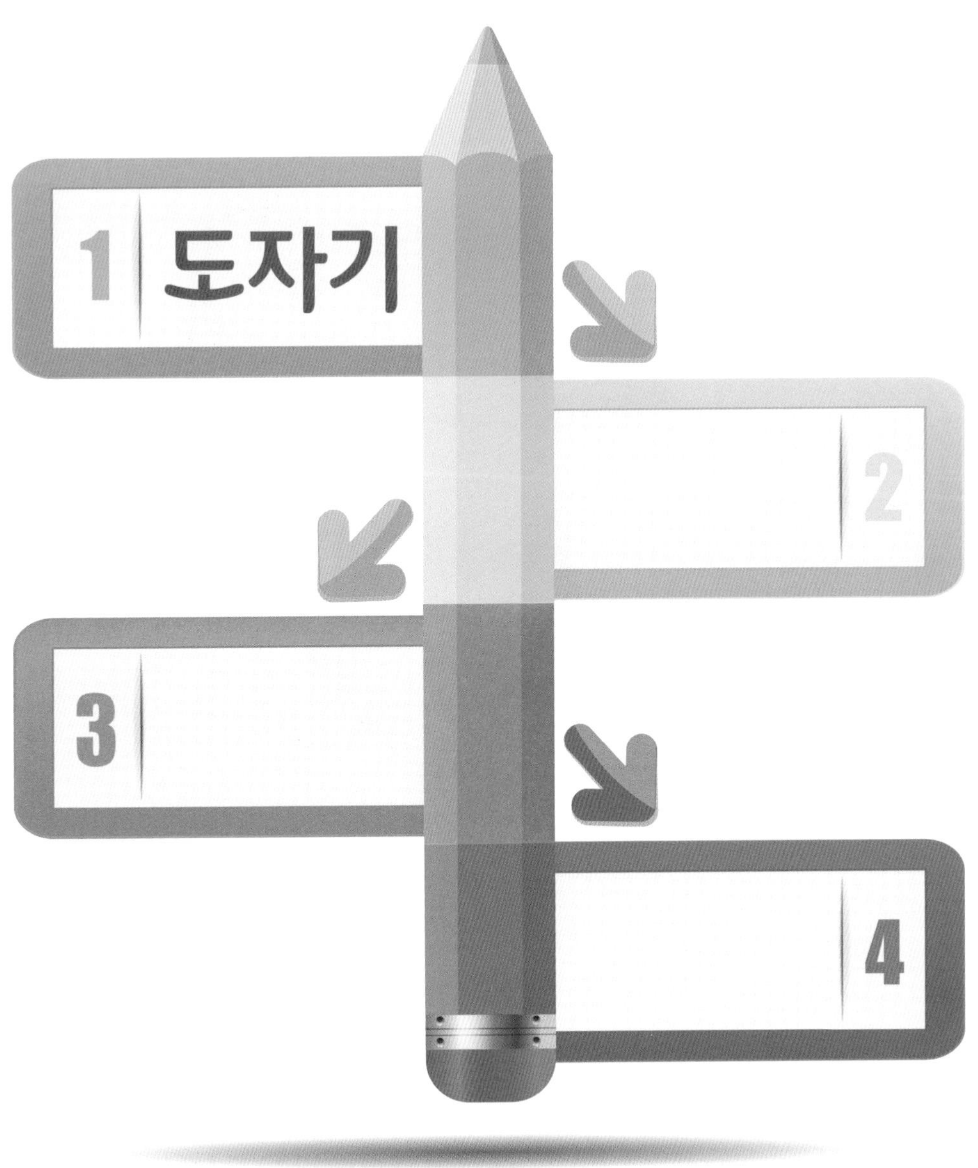

4 서로 다른 곳을 찾아봐요

서로 다른 곳 찾기

예쁜 도자기를 빚고 있어요. 서로 다른 세 곳을 찾아 ○해 보세요.

 요즘 하고 있는 취미활동이 있나요? 있다면 말해 봐요.

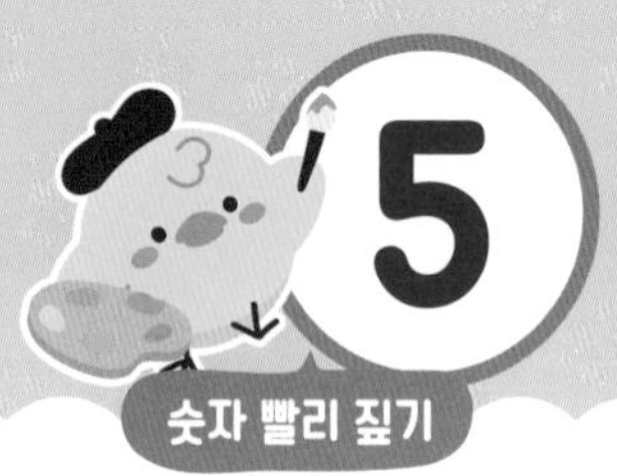

5 수를 순서대로 짚어 봐요

숫자 빨리 짚기

순발력

61~76의 수가 있습니다. 짝수를 작은 수부터 순서대로 빠른 시간 내에 짚어 보세요.

64	61	65	72
63	67	68	73
74	71	62	76
69	66	75	70

초성을 보고 낱말을 맞혀 봐요

언어력

두 가지 해조류 이름의 초성이 있어요. 아래 글자를 보고 해조류 이름을 맞게 써 보세요.

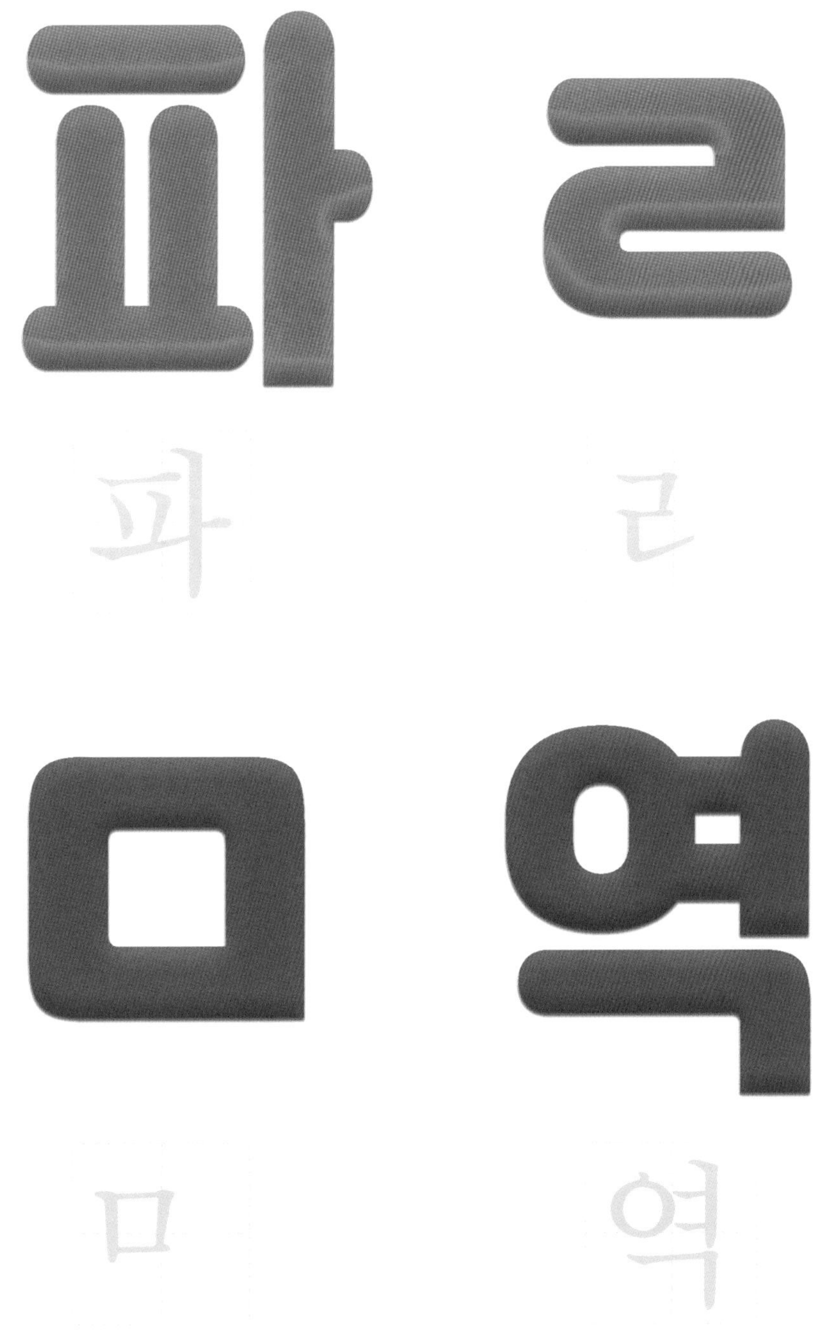

7 숨은 그림을 찾아봐요

숨은 그림 찾기

다양한 재료가 들어간 맛있는 음식들이 많이 있어요. 아래 그림과 같은 음식을 오른쪽 페이지에서 찾아 ○해 보세요.

아래 그림은 어떤 것의 일부인지 해당하는 음식들을 오른쪽 페이지에서 찾아보세요.

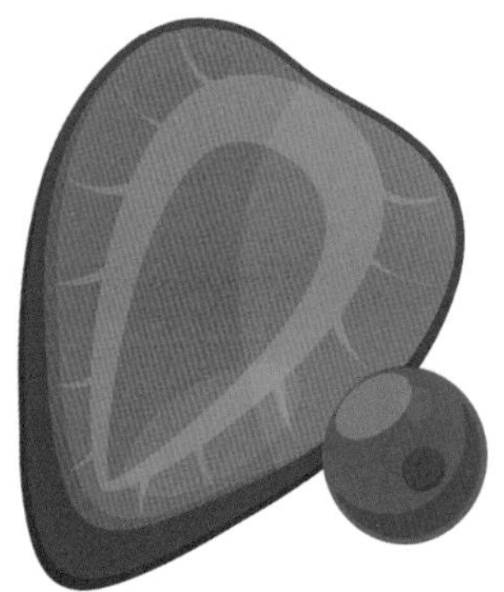

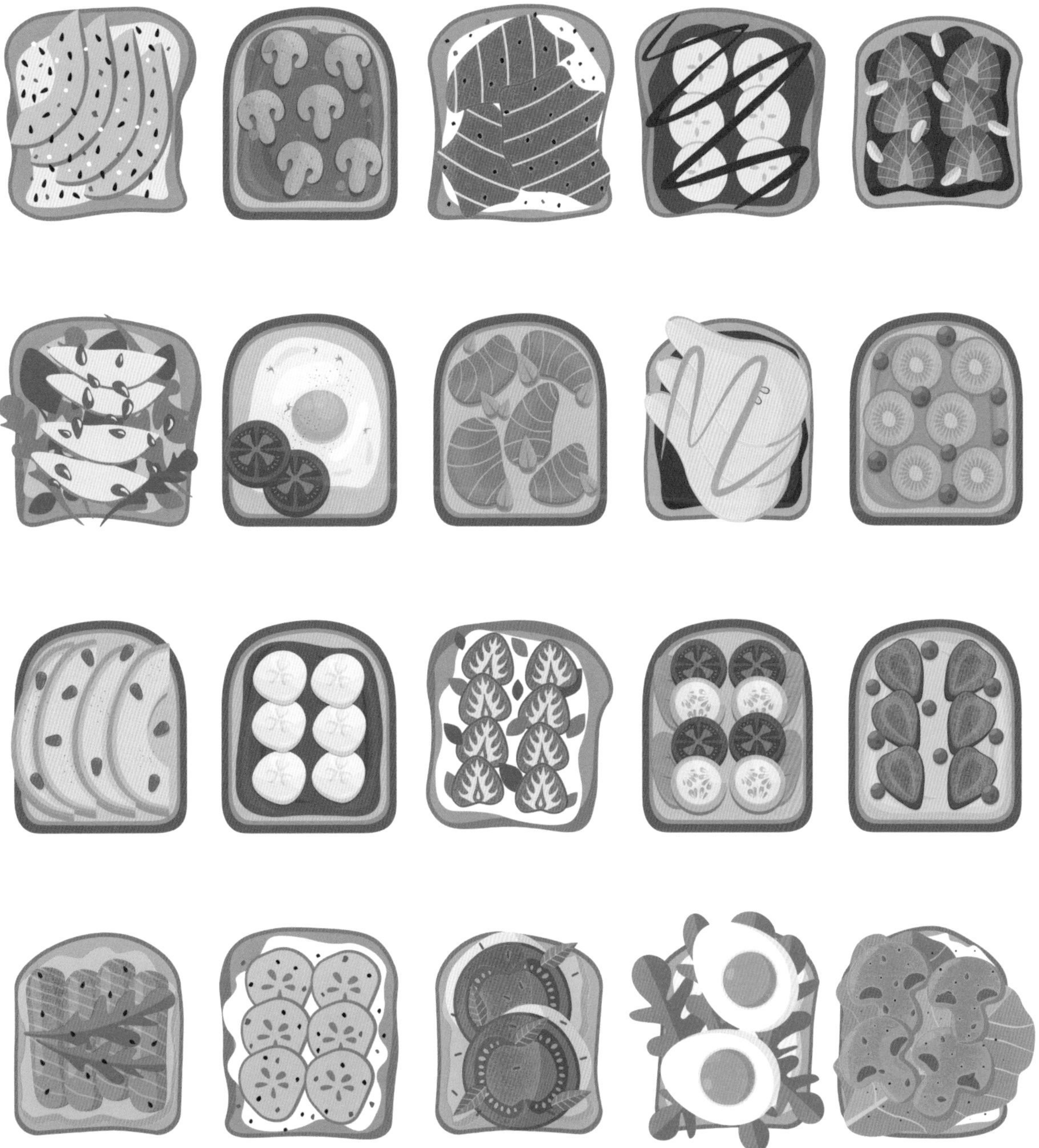

월 일 요일

8 회전된 그림을 맞혀 봐요

공간지각력

보기와 같은 방향으로 회전한 우산은 몇 번인가요?

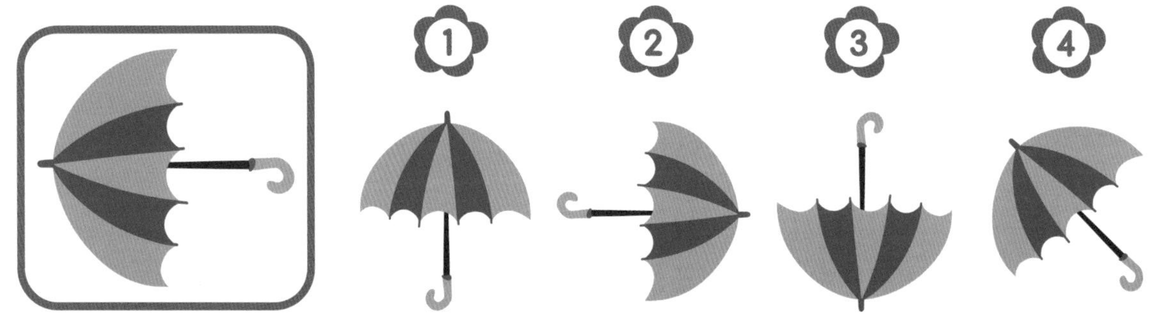

보기와 같은 방향으로 회전한 우산을 그려 보세요.

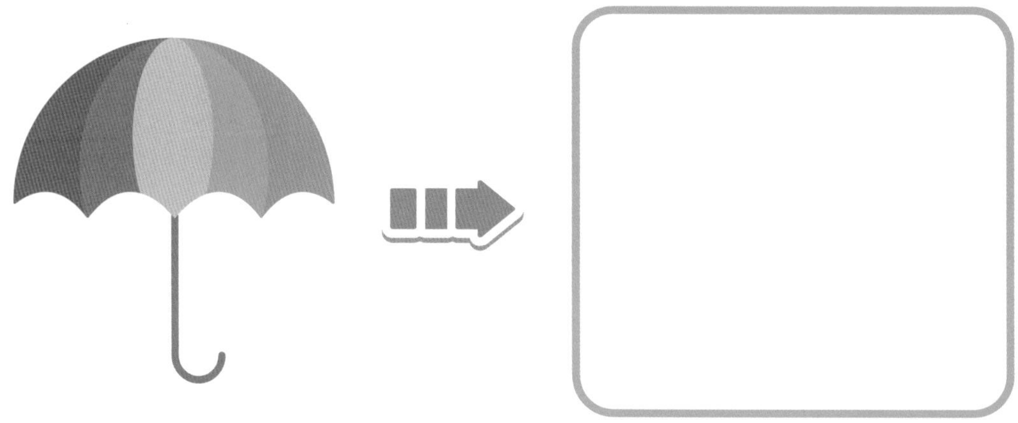

9 다른 그림을 찾아봐요

집중력

불빛이 은은하게 퍼지는 멋진 금빛 랜턴이 많이 있어요.
다른 랜턴 두 개를 찾아보세요.

다른 그림의 어느 부분이 어떻게 다른지 말해 봐요.

10 낱말의 끝말을 이어 봐요

끝말잇기

언어력

제시어를 보고 끝말잇기를 이어 가 보세요. 순서대로 빈칸을 채워 보세요.

황	① 사		
	②		③

11 시간을 알아봐요

계산력

보기와 같이 1시간 10분 후를 가리킨 시계는 몇 번인가요?

시간을 계산하여 정답을 그려 보세요.

12 같은 그림을 찾아봐요

시원하고 맛있는 다양한 음료가 있어요. 같은 음료 두 개씩 두 쌍을 찾아 ○해 보세요.

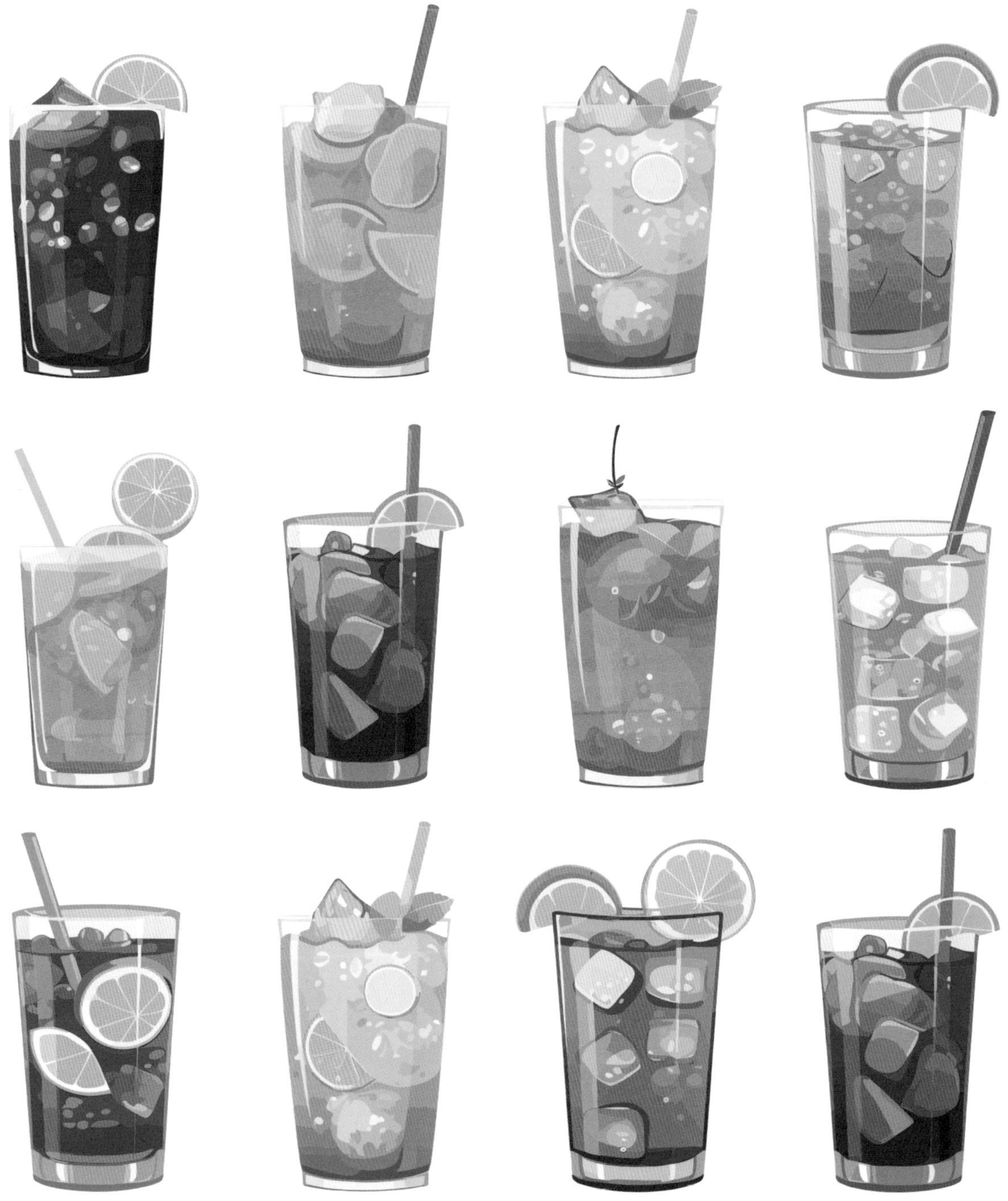

13 초성을 보고 낱말을 맞혀 봐요

초성 게임

언어력

두 가지 의류 이름의 초성이 있어요. 아래 글자를 보고 의류 이름을 맞게 써 보세요.

ㅊ바ㅈ

ㅊ 바 ㅈ

ㅁㄷ리

ㅁ ㄷ 리

14 서로 다른 곳을 찾아봐요

과학실에 다양한 실험 도구가 있어요. 서로 다른 두 곳을 찾아 ○해 보세요.

 두 그림에서 노란색 물질이 담겨 있는 통이나 기구는 모두 몇 개인가요?

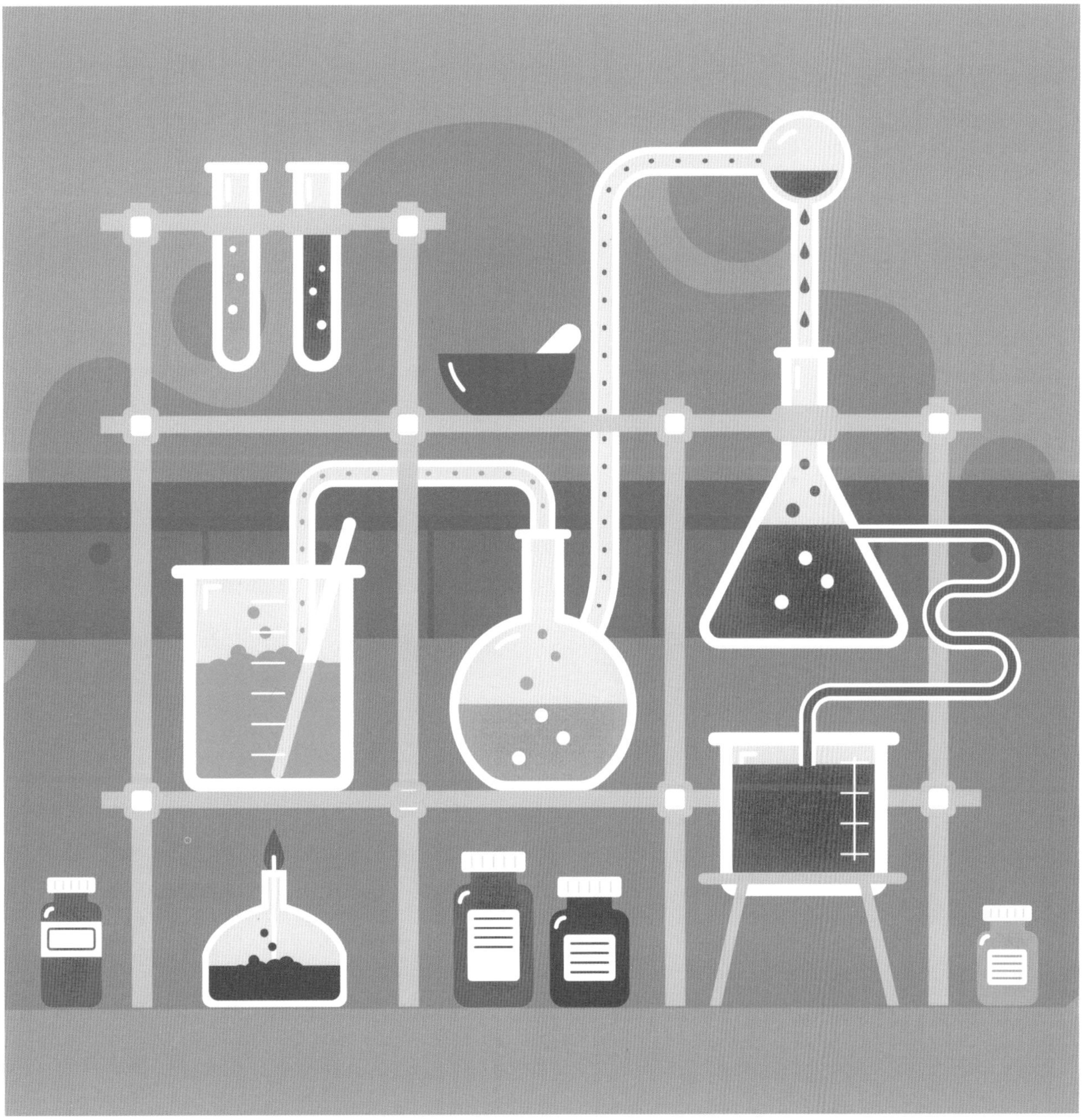

15 없는 수를 찾아봐요

36~53의 수가 있어요. 없는 수 두 개를 찾아보세요.

36 37 38 39

40 42 43 44

45 46 47 48

50 51 52 53

숫자 3이 들어간 수는 모두 몇 개인가요?

명언 명상
동영상

두뇌 휴식을 위한

명언 명상

명언 명상은 자연의 소리와 함께 명언을 들으며 두뇌를 휴식하는 명상입니다. 방 안의 불을 켜면 어둠은 자연히 일시에 사라지듯, 명언을 3번 반복해서 듣는 동안 마음은 밝아지고, 편안해집니다. 명상을 하면 뇌파는 알파파, 세타파로 변하여 통찰력, 기억력 등 모든 두뇌의 능력이 향상됩니다.

명상하기

1

편안한 자세로 척추를 펴고 앉습니다. 허리와 어깨의 긴장을 풀어 봅니다. 앉는 자세가 힘드신 분은 눕거나 기대셔도 좋습니다. 누워서 하시는 분은 잠들지 않도록 유의합니다.

2

고개를 앞, 뒤, 좌우로 천천히 돌려 목의 긴장을 풉니다. 눈을 살며시 감고, 눈썹과 눈썹 사이 미간의 긴장을 풀어 봅니다.

3

온몸을 편안하게 이완하는 심호흡을 해 봅니다. 코로 숨을 깊이 들이쉬고, 입으로 숨을 천천히 내쉽니다. 코로 숨을 들이쉴 때는 아랫배가 나오고, 입으로 숨을 내쉴 때는 아랫배가 들어갑니다. 3번 반복합니다. 심호흡 후엔 자연스럽게 호흡합니다.

4

자연의 소리와 함께 명언을 들으며 휴식해 봅니다. 명언을 들을 때 잡념으로 인해 집중되지 않더라도 상관하지 않습니다. 알아차리는 순간, 다시 명언을 듣는 데 집중할 뿐 따로 생각을 없애려 하지 않습니다.

5

명언을 기억하려 노력하지 않아도 됩니다. 3번 반복을 통해 지혜는 밝아지고, 자연히 두뇌가 휴식합니다.

6

처음엔 하루 1개의 명언 명상도 좋습니다. 내가 부담 없이 편안히 할 수 있는 시간부터 조금씩 늘려 갑니다. 한 번에 긴 시간을 불규칙적으로 하기보다 매일 짧은 시간이라도 규칙적으로 하는 것이 더 효과적입니다.

오늘의 명언

사람들은 남의 허물을 파헤침으로써
자신의 존재를 돋보이게 하려고 하나,
그렇게 함으로써 자신의 결점도 드러나게 된다.
지혜로운 사람이나 현명한 사람은
남의 좋은 점을 발견하지만,
어리석고 미련한 사람은 남의 결점만 찾는다.

- **톨스토이**(Leo Tolstoy)

교재와 함께 즐기는

〈탑클래스 두뇌발전소〉 유튜브 두뇌 건강 게임

두뇌 건강을 증진하고 인지 능력을 고루 발달시키는

다양한 두뇌게임 모음

짧은 시간 안에 두뇌의 복합적 능력을 향상시키는

다양한 두뇌게임 심화버전 모음

1 옆에 있는 사람을 말해 봐요

사람인지력

저는 이웃집 친구 강건이와 커피를 마시며 담소를 나누고 있어요.

옆 사람 이름: ______________________

나와의 관계: ______________________

2 낱말과 색을 바르게 맞춰 봐요

낱말의 뜻과 색이 일치하는 것을 찾아 ○해 보세요.

파랑 노랑 초록

초록 빨강 빨강

노랑 파랑

보라

초록 보라

노랑

'노랑'이란 글자는 모두 몇 개인가요?

아름다운 우리나라 전통 그림과 물건들이 많이 있어요. 서로 다른 세 곳을 찾아 ○해 보세요.

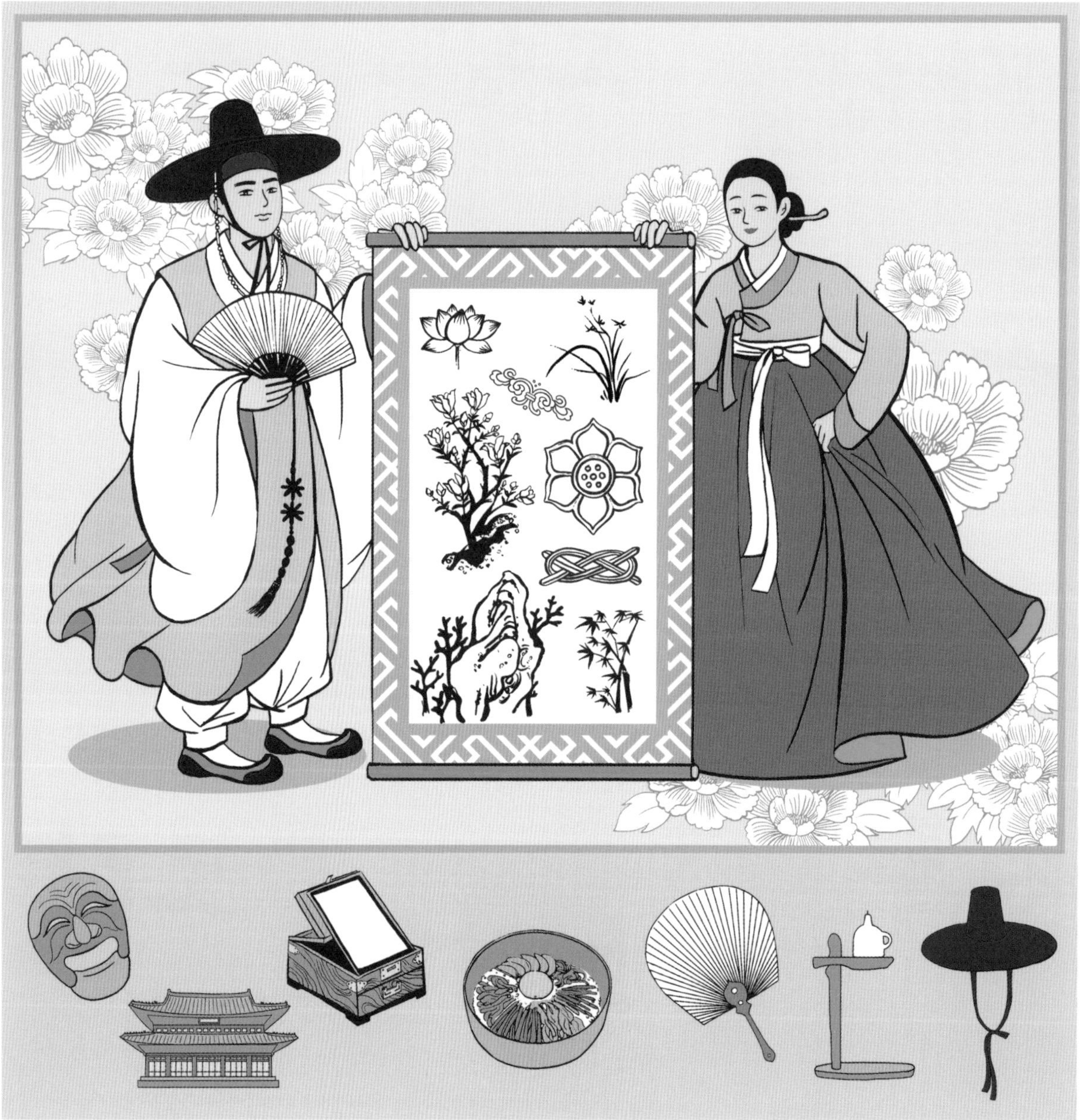

서로 다른 곳의 어느 부분이 어떻게 다른지 말해 봐요.

4 낱말의 끝말을 이어 봐요

제시어를 보고 화살표를 따라 끝말잇기를 이어 가 보세요. 빈칸을 채워 보세요.

5 수를 순서대로 짚어 봐요

순발력

11~22의 수가 있습니다. 큰 수부터 순서대로 빠른 시간 내에 짚어 보세요.

재단실에 다양한 물건들이 많이 있어요. 아래 그림과 같은 것을 오른쪽 페이지에서 찾아 ○해 보세요.

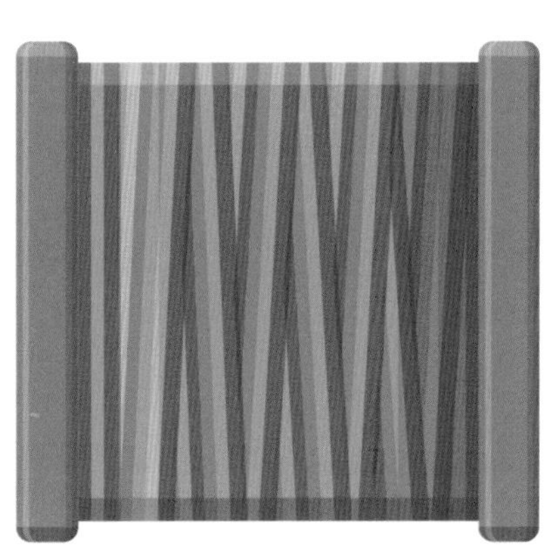

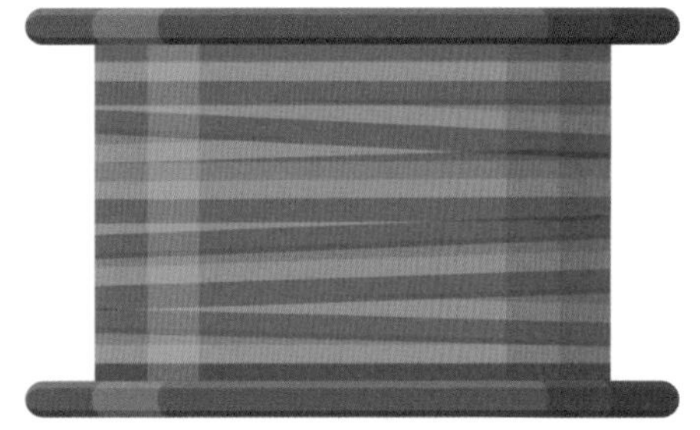

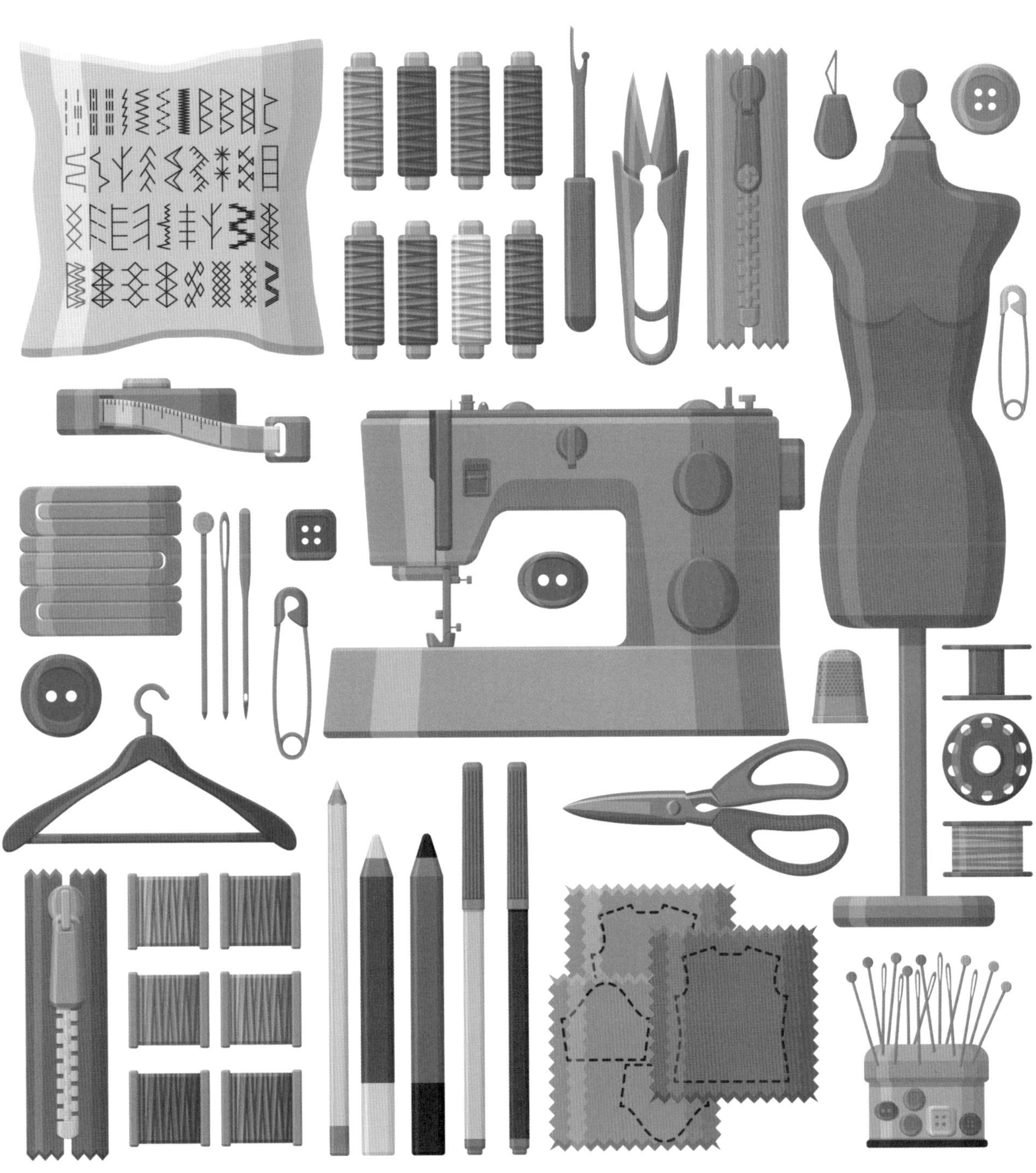

7 세 자릿수 낱말을 맞혀 봐요

언어력

보기와 같이 질문에 맞는 답을 말해 봐요.

보 기

나라 이름 세 자릿수 낱말 3개를 말해 보세요.

스위스, 베트남, 브라질

1 채소 이름 세 자릿수 낱말 3개를 말해 보세요.

2 꽃 이름 세 자릿수 낱말 3개를 말해 보세요.

8 자세히 관찰하고 기억해 봐요

기억력

아래 그림을 잘 관찰해 주세요. 뒷장에 퀴즈가 있습니다.

45,000원

60초가 지났어요. 천천히 페이지를 넘겨 보세요.

8 관찰한 것을 기억해 봐요

앞서 관찰한 신발과 가격표가 다르게 표시된 것은 몇 번인가요?

1

60,000원

2

70,000원

3

55,000원

4

45,000원

9 다른 그림을 찾아봐요

집중력

다양한 재료가 들어간 맛있는 비빔밥이 여러 그릇에 담겨 있어요. 다른 그림 두 개를 찾아보세요.

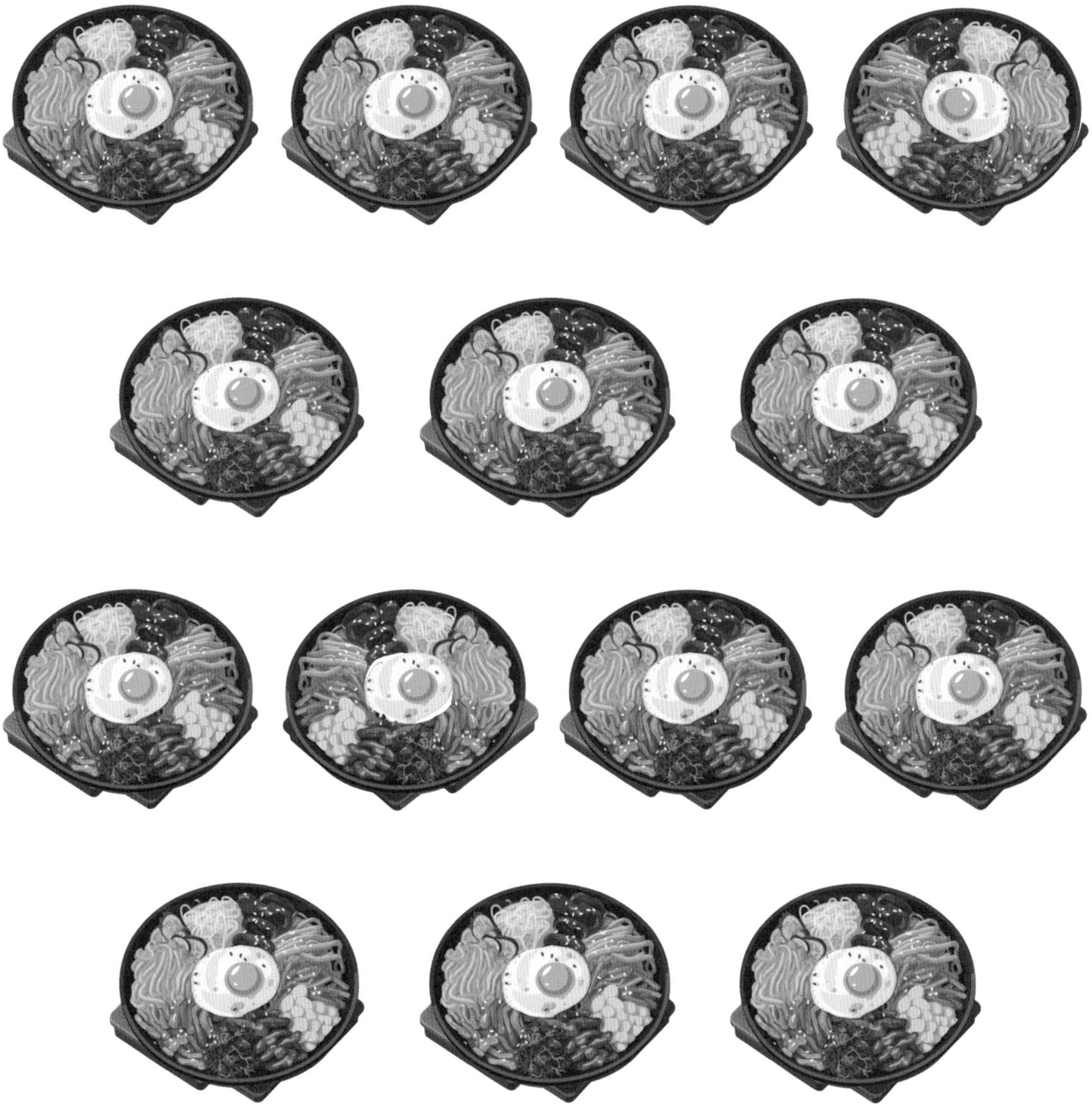

최근에 비빔밥을 먹은 적이 있나요? 어떤 재료들이 들어갔는지 말해 봐요.

10 낱말의 끝말을 이어 봐요

끝말잇기

언어력

제시어를 보고 끝말잇기를 이어 가 보세요. 순서대로 빈칸을 채워 보세요.

가	① 방		
	②		③

요금을 계산해 봐요

계산력

6살 손자 건강이를 데리고 찜질방에 왔어요. 함께 찜질방을 이용하고 식혜 1통과 계란 3개를 사려고 합니다. 모두 얼마인가요?

탑클래스 스파 요금표

	대인	소인(7세이하)
찜질방&사우나	12,000원	8,000원
사우나	7,000원	5,000원

MENU

식혜	아이스티	핫바	계란3개
5,000원	4,500원	3,000원	2,500원

_______________ 원

12 같은 그림을 찾아봐요

집중력

예쁜 화병에 다양한 꽃들이 많이 있어요. 같은 그림 두 개씩 두 쌍을 짝지어 보세요.

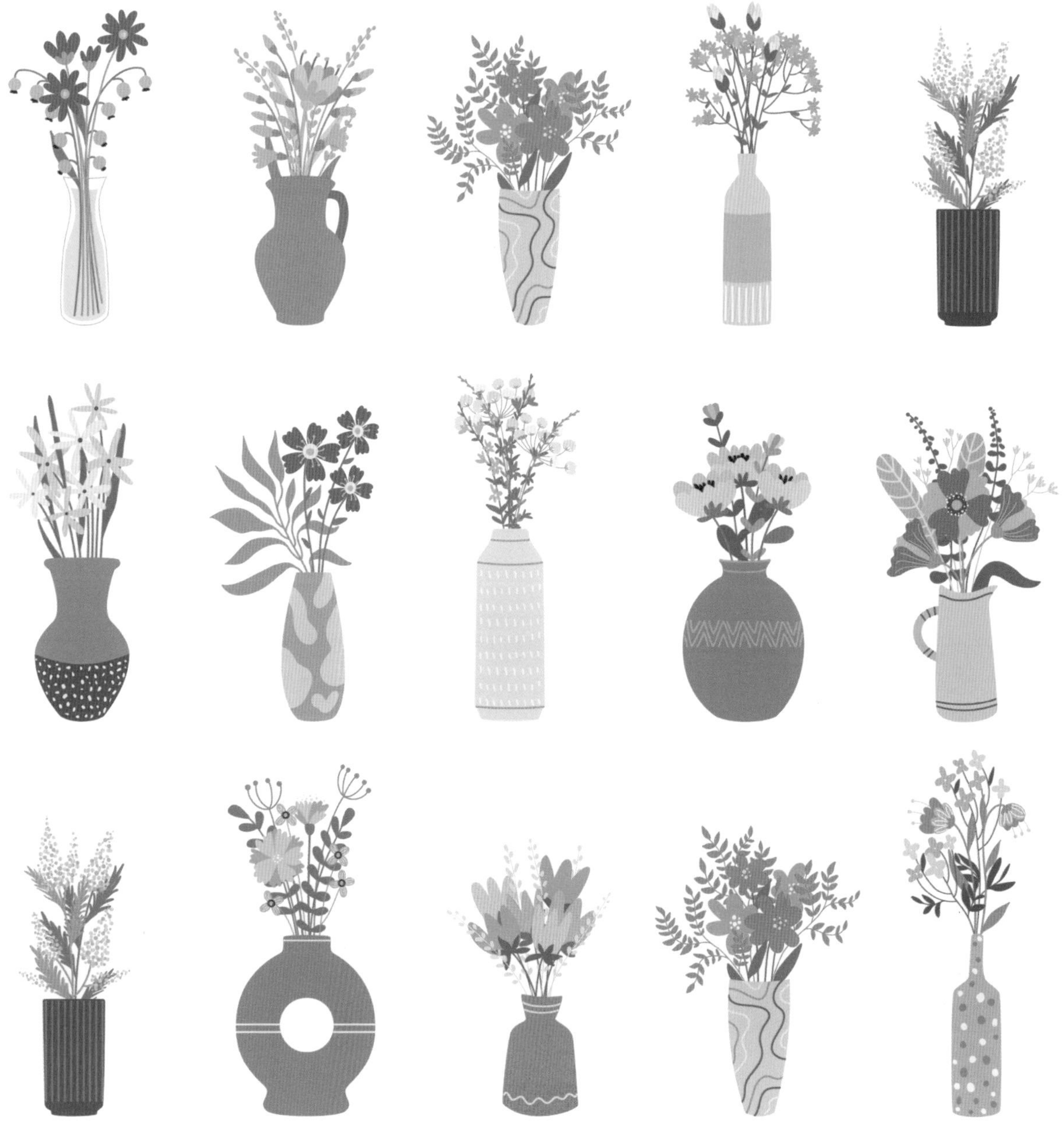

13 순서대로 기억해 봐요

아래 그림과 순서를 잘 관찰하여 기억해 주세요. 뒷장에 퀴즈가 있습니다.

60초가 지났어요. 천천히 페이지를 넘겨 보세요.

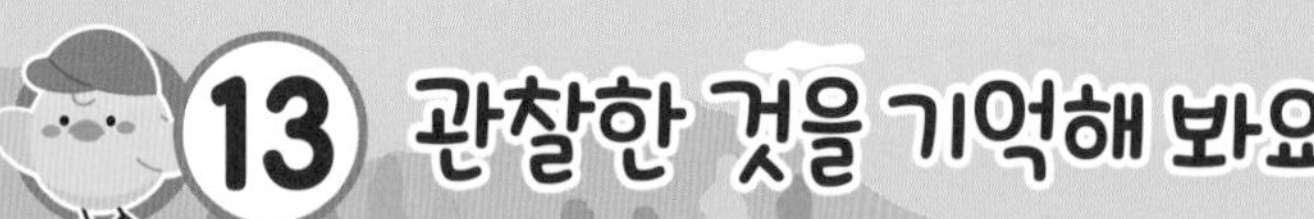

13 관찰한 것을 기억해 봐요

퀴즈 앞서 관찰한 그림을 순서대로 잘 배열한 것은 어느 것일까요?

1

2

3

4

월 일 요일

14 초성을 보고 낱말을 맞혀 봐요

언어력

두 가지 물고기 이름의 초성이 있어요. 아래 글자를 보고 물고기 이름을 맞게 써 보세요.

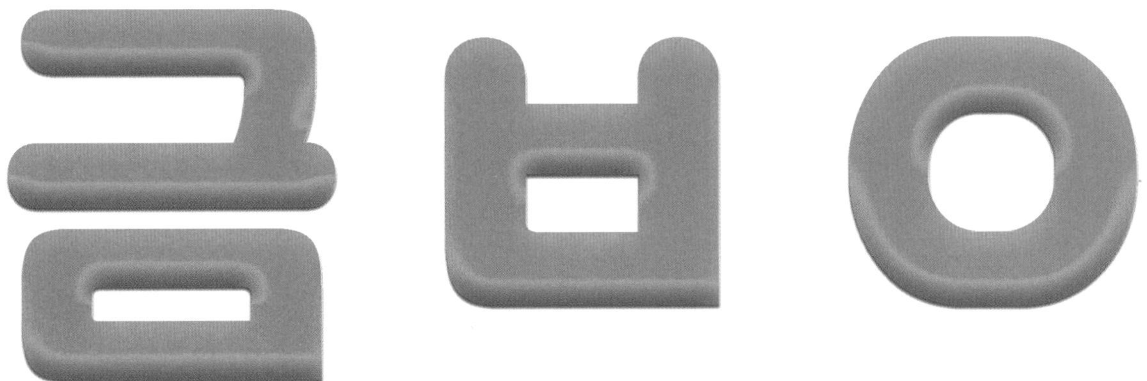

15 서로 다른 곳을 찾아봐요

서로 다른 곳 찾기

책상 위에 다양한 사무용품이 많이 있어요. 서로 다른 세 곳을 찾아 ○해 보세요.

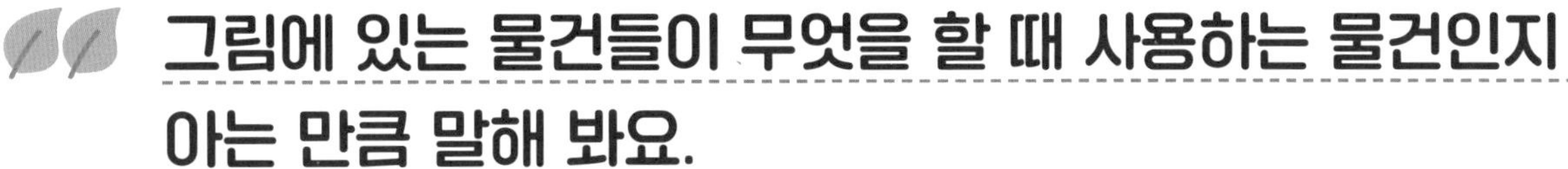

그림에 있는 물건들이 무엇을 할 때 사용하는 물건인지 아는 만큼 말해 봐요.

명언 명상
동영상

두뇌 휴식을 위한

명언 명상

명언 명상은 자연의 소리와 함께 명언을 들으며 두뇌를 휴식하는 명상입니다. 방 안의 불을 켜면 어둠은 자연히 일시에 사라지듯, 명언을 3번 반복해서 듣는 동안 마음은 밝아지고, 편안해집니다. 명상을 하면 뇌파는 알파파, 세타파로 변하여 통찰력, 기억력 등 모든 두뇌의 능력이 향상됩니다.

명상하기

1

편안한 자세로 척추를 펴고 앉습니다. 허리와 어깨의 긴장을 풀어 봅니다. 앉는 자세가 힘드신 분은 눕거나 기대셔도 좋습니다. 누워서 하시는 분은 잠들지 않도록 유의합니다.

2

고개를 앞, 뒤, 좌우로 천천히 돌려 목의 긴장을 풉니다. 눈을 살며시 감고, 눈썹과 눈썹 사이 미간의 긴장을 풀어 봅니다.

3

온몸을 편안하게 이완하는 심호흡을 해 봅니다. 코로 숨을 깊이 들이쉬고, 입으로 숨을 천천히 내쉽니다. 코로 숨을 들이쉴 때는 아랫배가 나오고, 입으로 숨을 내쉴 때는 아랫배가 들어갑니다. 3번 반복합니다. 심호흡 후엔 자연스럽게 호흡합니다.

4

자연의 소리와 함께 명언을 들으며 휴식해 봅니다. 명언을 들을 때 잡념으로 인해 집중되지 않더라도 상관하지 않습니다. 알아차리는 순간, 다시 명언을 듣는 데 집중할 뿐 따로 생각을 없애려 하지 않습니다.

5

명언을 기억하려 노력하지 않아도 됩니다. 3번 반복을 통해 지혜는 밝아지고, 자연히 두뇌가 휴식합니다.

6

처음엔 하루 1개의 명언 명상도 좋습니다. 내가 부담 없이 편안히 할 수 있는 시간부터 조금씩 늘려 갑니다. 한 번에 긴 시간을 불규칙적으로 하기보다 매일 짧은 시간이라도 규칙적으로 하는 것이 더 효과적입니다.

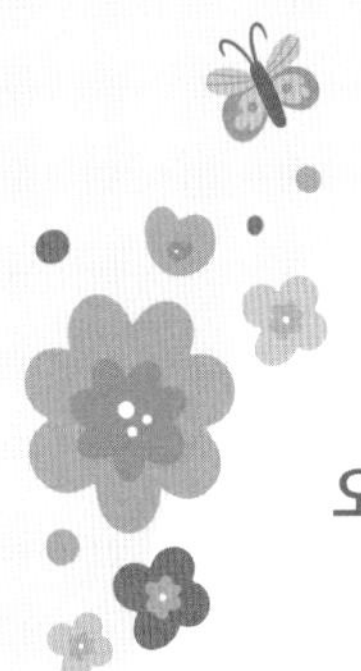

오늘의 명언

할 수 있다는 믿음을 가지면
그런 능력이 없을지라도
결국에는 할 수 있는 능력을
갖게 된다.

- 마하트마 간디(Mahatma Gandhi)

정답 1주

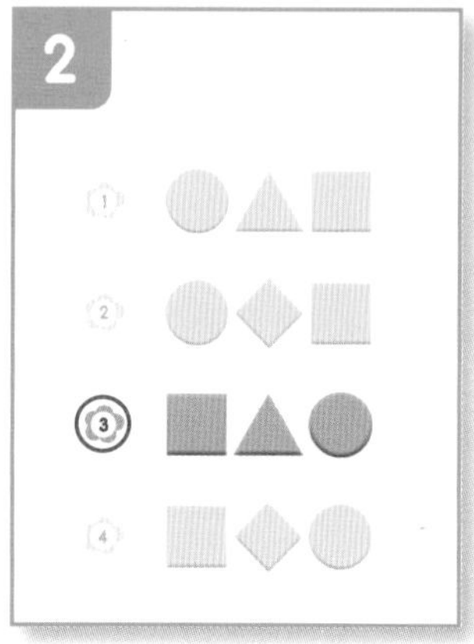
2
①
②
③
④

3
학교 → 교실
→ 실내화 등
1 입학
학교 2
3 교실
실내화 4

4
3명

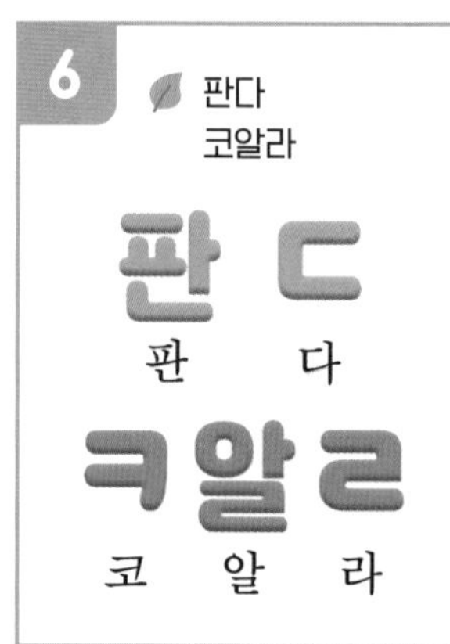
6
판다
코알라
판 ㄷ
판 다
ㅋ 알 ㄹ
코 알 라

7

8

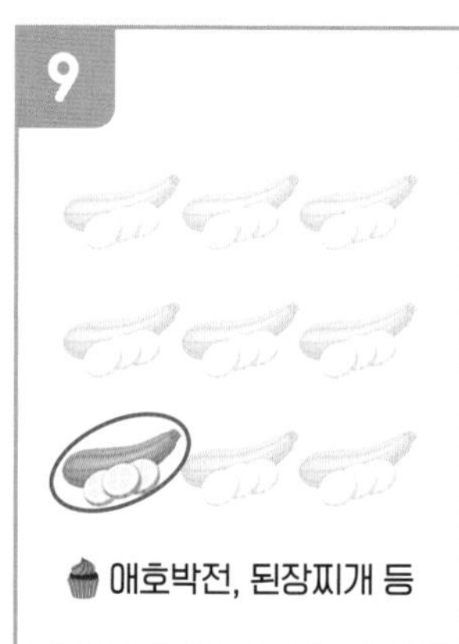
9
애호박전, 된장찌개 등

10
① 치과
② 과수원
③ 원조 등
경 치
과 수 원
조

11
1 125,000원
2 천 원권 지폐

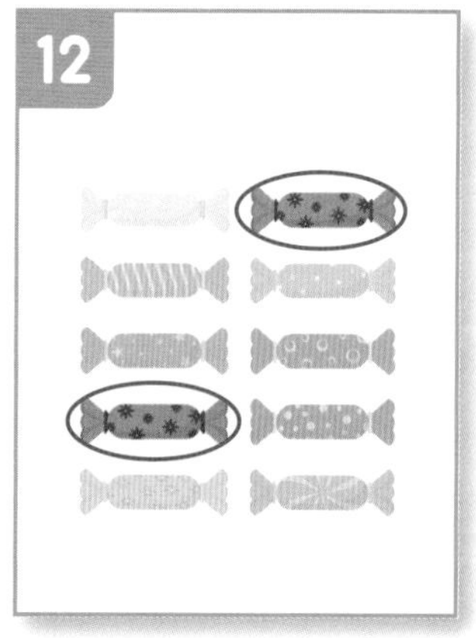
12

13
달래
생강
달 ㄹ
달 래
ㅅ 강
생 강

14

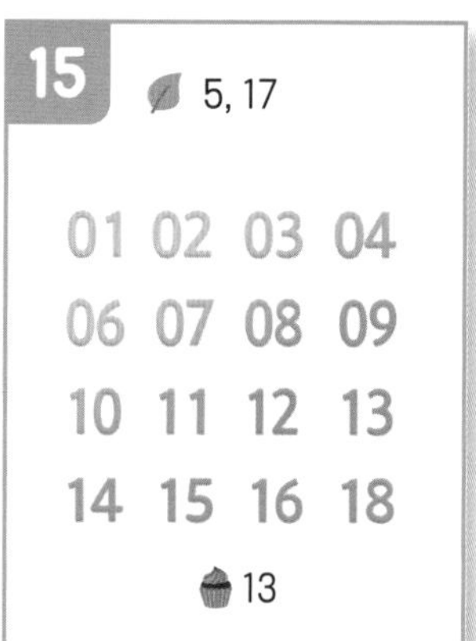
15
5, 17
01 02 03 04
06 07 08 09
10 11 12 13
14 15 16 18
13

정답 2주

2
노랑
초록
파랑
파랑
빨강
2개

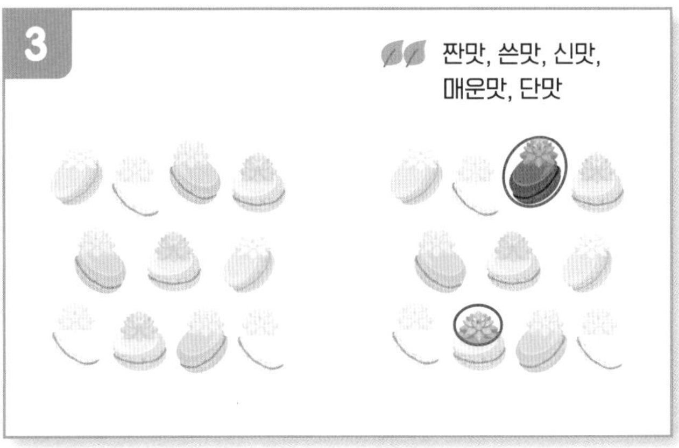
3
짠맛, 쓴맛, 신맛,
매운맛, 단맛

4
음악 → 악기
→ 기술 등
1 웃음
음악 2
3 악기
기술 4

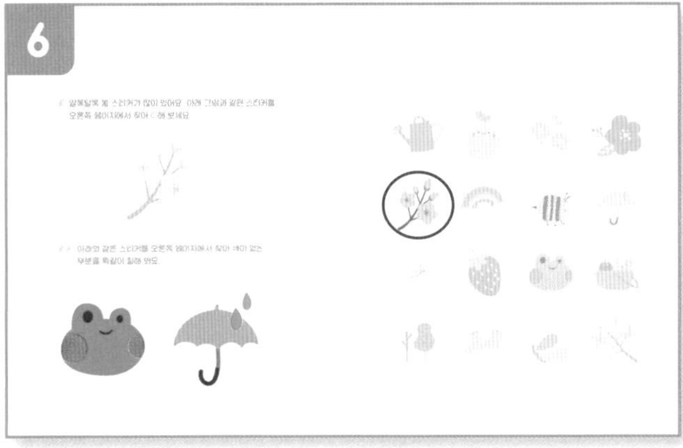
6

7
1 나비, 여치,
매미 등
2 사과, 포도,
딸기 등

8

9

10
① 구조
② 조리대
③ 대상 등
친 구
조 리 대
상

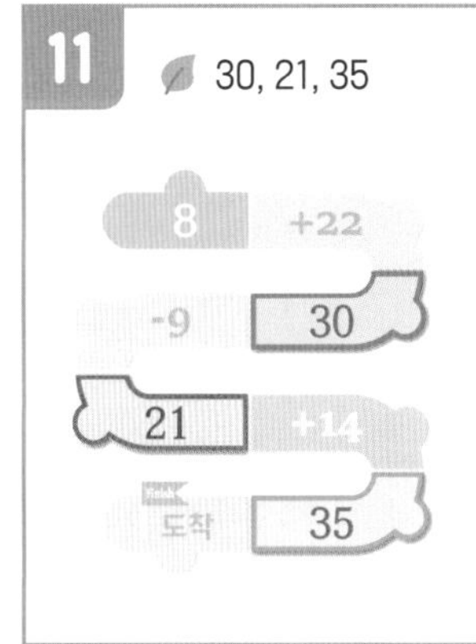
11
30, 21, 35
8 +22
-9 30
21 +14
도착 35

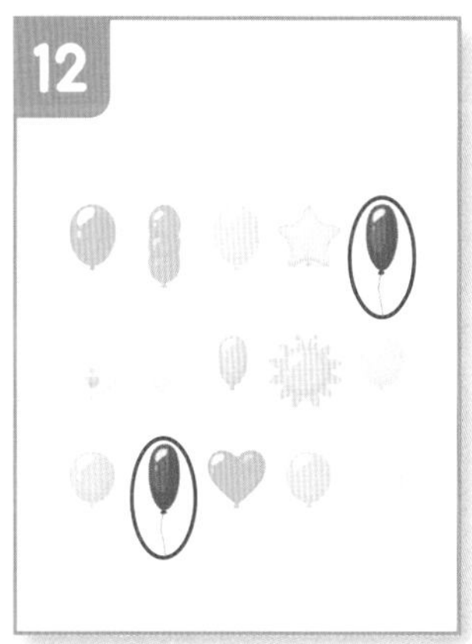
12

13

14
개미
반딧불이
개 ㅁ
개 미
ㅂㄷ불ㅇ
반 딧 불 이

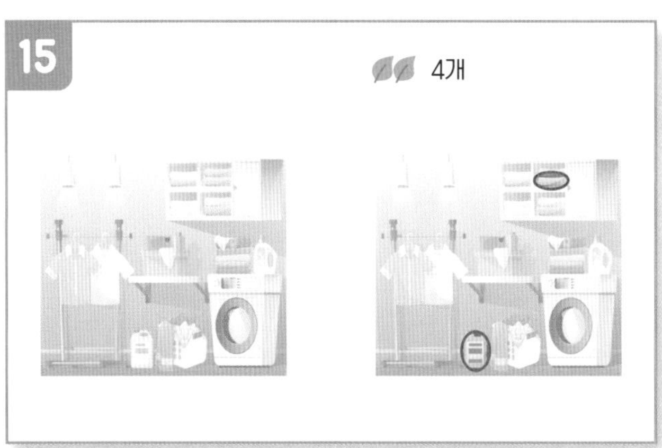
15
4개

정답 3주

2
① 943
934
943
934

3
기술자 → 자연
→ 연습 등
1 도자기
기술자 2
3 자연
연습 4

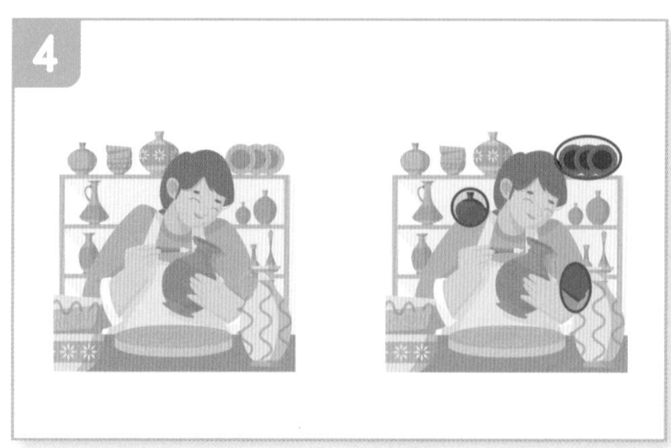
4

6
파래
미역
파 래
미 역

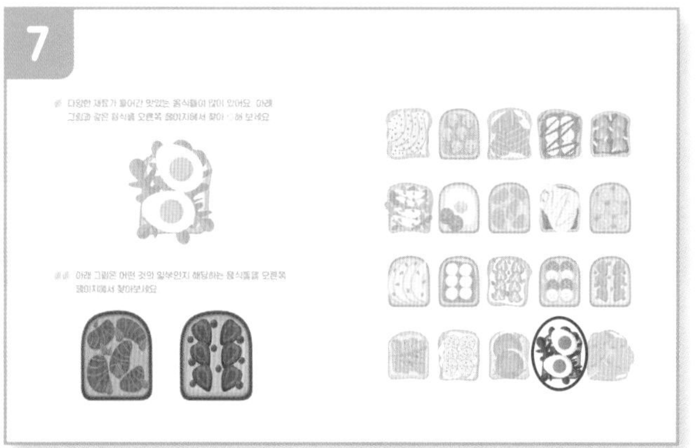
7

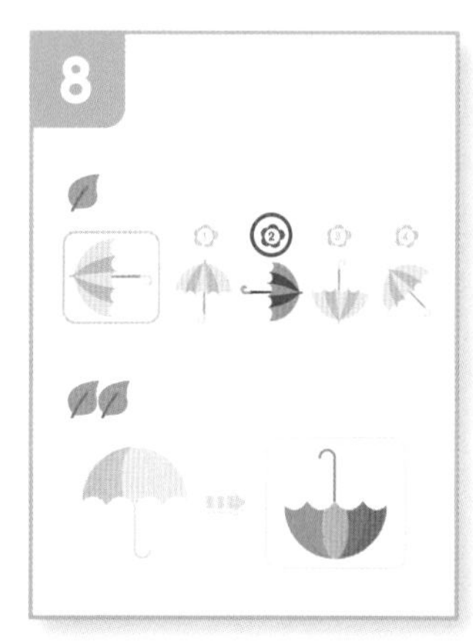
8

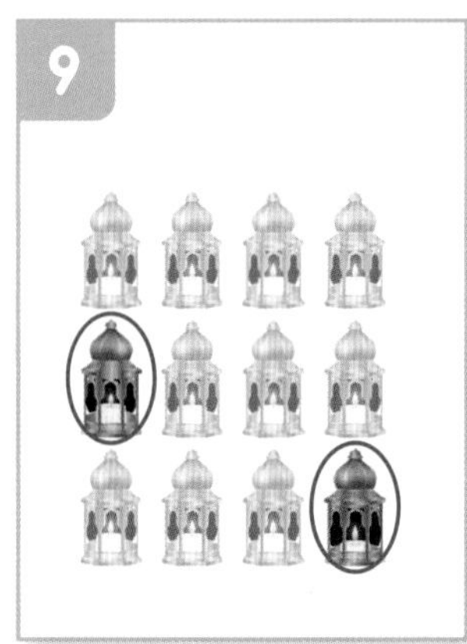
9

10
① 사자
② 자전거
③ 거미 등
황 사
자 전 거
미

11

12

13
청바지
목도리
청 바 지
목 도 리

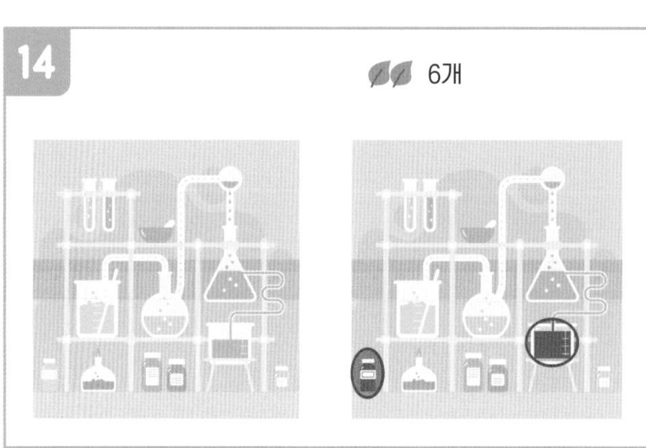
14
6개

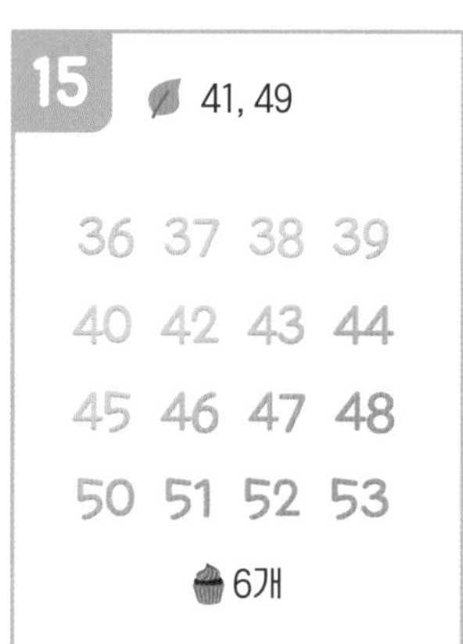
15
41, 49
36 37 38 39
40 42 43 44
45 46 47 48
50 51 52 53
6개

정답 4주

2

3

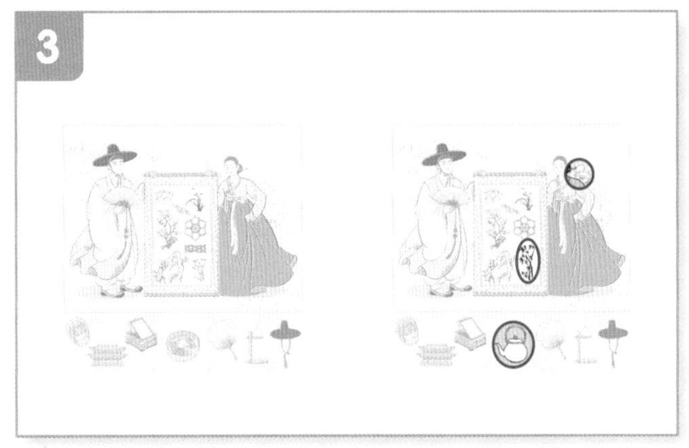

4

이유 → 유자차
→ 차별 등

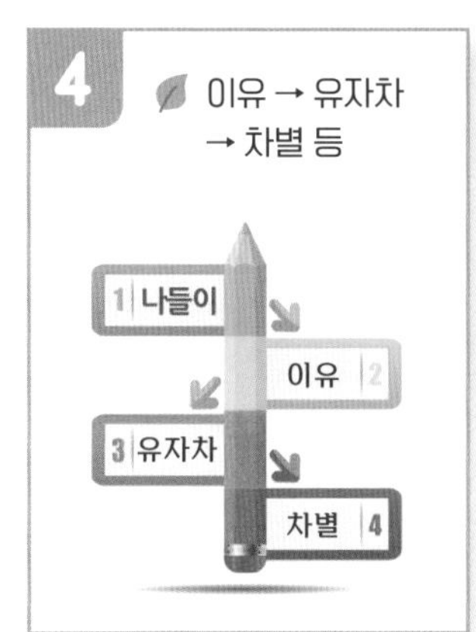

6

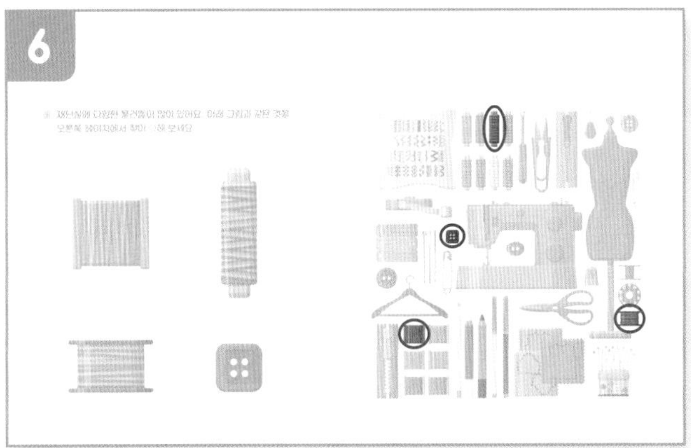

7

1 양배추, 미나리, 애호박 등

2 진달래, 개나리, 무궁화 등

8

9

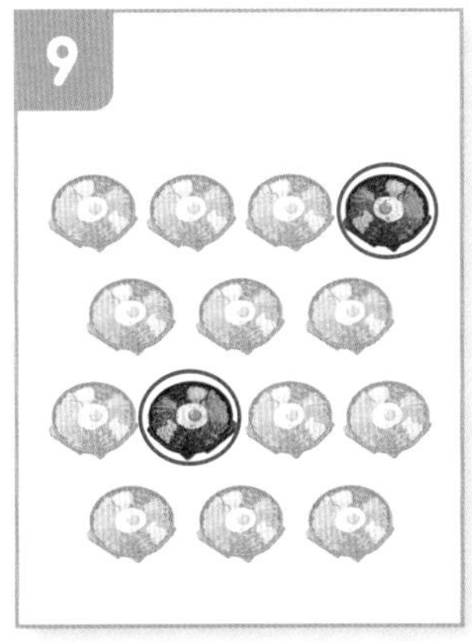

10

① 방송
② 송아지
③ 지역 등

11

27,500원

12,000+8,000+5,000
+2,500=27,500

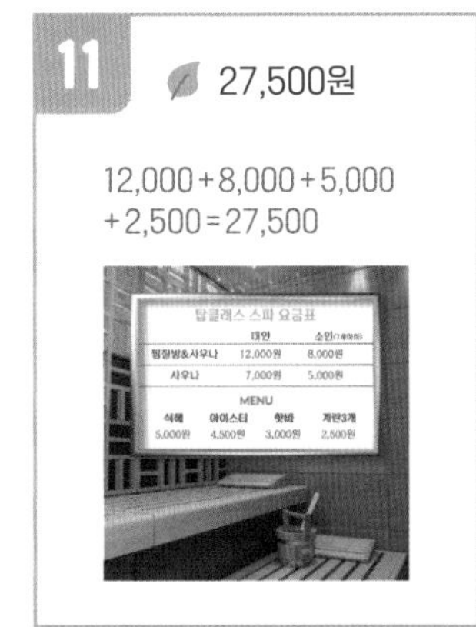

12

13

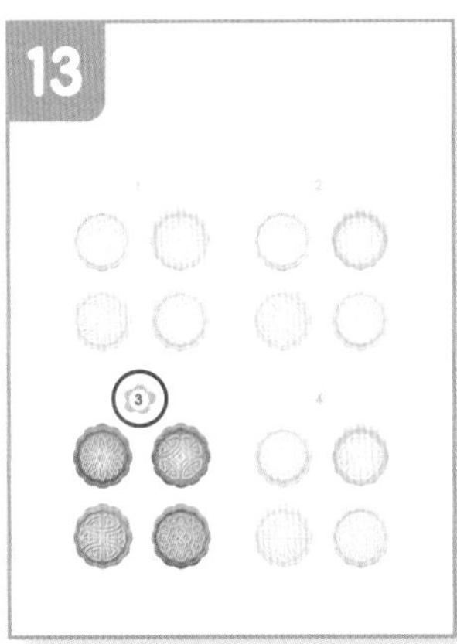

14

금붕어
미꾸라지

15

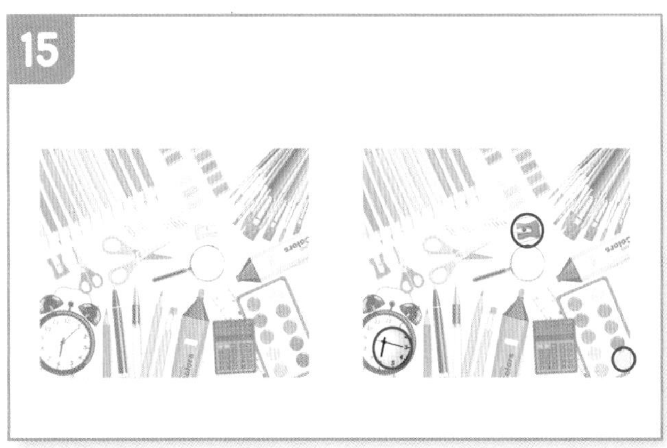

참고 자료

<가장 쉬운 탑클래스 치매예방 첫걸음 1, 2> 탑클래스 두뇌발전소 지음, 동양북스, 2022
<뇌내혁명> 하루야마 시게오 지음, 오시연 번역, 중앙생활사, 2020
<당신이 플라시보다> 조 디스펜자 지음, 추미란 번역, 샨티, 2016
<스트레스의 힘> 켈리 맥고니걸 지음, 신예경 번역, 21세기북스, 2015
<왓칭1> 김상운 지음, 정신세계사, 2011
<늙는다는 착각> 엘렌 랭어 지음, 변용란 번역, 유노북스, 2022
<미라클> 이송미 지음, 비타북스, 2020
<마음의 기적> 디팩 초프라 지음, 도솔 번역, 황금부엉이, 2018
<치매예방을 위한 두뇌성형> 권준우 지음, 푸른향기, 2020
<치매 쇼크 치매 혁명> KBS 생로병사의 비밀 제작팀 지음, 에이엠스토리, 2021
<유대인 생각 사전> 김영환 지음, 행복, 2018
<인디언의 지혜와 잠언> 다봄편집부 지음, 다봄, 2020
<명언의 탄생> 김옥림 지음, 팬덤북스, 2014
<고전명언 마음수업> 임성훈 지음, 스노우폭스북스, 2021
<명언으로 읽는 100명의 인생철학> 김옥림 지음, 창작시대사, 2022
<아들에게 전해주는 인생 명언 365+1> 윤태진 지음, 다연, 2022
<바로보인 도가귀감> 휴정 서산대사 지음, 대원 문재현 선사 역저, 문젠, 2017
<바로보인 유가귀감> 휴정 서산대사 지음, 대원 문재현 선사 역저, 문젠, 2017

https://www.onday.or.kr/wp/?cat=3 (따뜻한 하루 감성편지)
https://blog.naver.com/utimegps/70008004901

인지건강을 위한 두뇌 훈련_봄편 3

초판 인쇄 | 2025년 2월 21일
초판 발행 | 2025년 3월 4일
지은이 | 탑클래스 두뇌발전소·대한치매협회
발행인 | 김태웅
기획 | 김귀찬
편집 | 유난영
디자인 | 디자인플러그
마케팅 총괄 | 김철영
온라인 마케팅 | 김은진
제작 | 현대순
발행처 | (주)동양북스
등 록 | 제 2014-000055호
주 소 | 서울시 마포구 동교로22길 14 (04030)
구입 문의 | 전화 (02)337-1737 팩스 (02)334-6624
내용 문의 | 전화 (02)337-1763 이메일 dymg98@naver.com

ISBN 979-11-7210-913-4 (03690)